LIBERAL ARTS COLLEGE

Discover
ディスカヴァー

最新
世界情勢講義
50

国際関係戦略研究所所長
パスカル・ボニファス
佐藤絵里 訳

はじめに

いま私たちの目の前にある世界は、複雑で、ますます読み解きにくく、危険が日に日に増しているように見える。

そのため、私たちはともすれば、それぞれの問題に高度に特化した専門家に考えることを任せ、自分で理解しようとするのを諦めがちだ。すると専門家たちは喜んでそれぞれの守備範囲に境界線を引き、素人を締め出して独占状態を保とうとするだろう。

あるいは私たちは、また別の残念な傾向にも陥りがちだ。それは、極端な単純化である。世界を読み解くための鍵を、対立する二項（善／悪、友／敵、私たち／他の人たち）に絞り、それで万事理解できると考えてしまう。確かに、世界を2つの構成要素に要約してしまえば、そのうち1つを選ぶのはたやすいだろう。しかし、世界の問題について率直に語ろうとしているときにそれを極端に単純化する必要はない。同様にまた、専門用語を使ったからといって、情勢を理解していることの保証にはならない。

国際問題には「定説」がつきものだ。政治指導者、外交官、官僚、教育者、研究者、ジャーナリストといった地政学の専門家の間にも、「定説」は広まっている。自らの信条や利益のために、間違った「定説」を意図的に流布させる人々もいるが、たいていの「定説」は善意から広められる。

人は、あることを何度も耳にすると自分も同じことを言うようになり、しまいにはそれを信じるようになる。そうして「定説」は純粋な誠意をもって伝えられ、正しいという信念から広められるだけにいっそう深く根を張っていく。

こうした「定説」はほぼ至る所で目につき、インターネット上に限らず、新聞、雑誌、本（学者の著作も含む）、政治論争のなかにも、いくらでも見つけることができる。それらは多くの場合、一見もっともらしく映る。まったくの夢想ではなく、良識から生まれたもののように見える。大いに流布しているがゆえに、確かな裏付けがあるかのような印象を与える。確かにたいていの「定説」は事実から生まれるが、一方で間違いも多く、それが誤った解釈を生むのだ。

私は本書で、世界のさまざまな問題について広まっている「定説」のなかから50件を取り上げ、それらが間違っている理由とその根拠を述べたのち、表からは見えない内情や隠された事実を示すよう努めた。

本書は、2007年に第1版が刊行され、その後アップデートを重ね、このたび第8版を刊行する運びとなった。これまで本書が読者を得てきたのは、ありのままを知りたい、間違った「定説」から脱したいという意志が存在するからである。第8版では、以前の版で扱った項目の一部は割愛した。これは良い兆しで、啓発が実を結び、読者が知識を得て批判精神を発揮した証だ。いっぽう、新しい「定説」も登場しているため、この仕事の継続が必要になった。

この第8版のために力を貸してくれたIRIS（国際関係戦略研究所）のファニー・ヴァイセルベルジェ、刊行のため尽力してくれたアルマン・コラン社のオディール・マリオンとマチュー・ショップに謝意を表する。

パスカル・ボニファス

目次

世界を動かす力

戦争と紛争

民主主義

各項目の見出しは、原書では「間違った定説」となっていましたが、日本語版では読みやすさを重視し、各項目の結論としています。

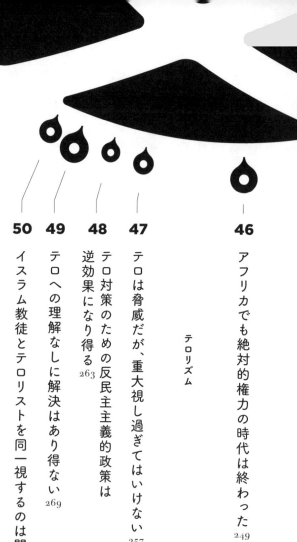

イントロダクション

Introduction

Lecture 01

本に書いてあることが正しいとは限らない

よくある思い込み

本は、知識であると同時に読者への知識の伝達を担うものである。本を書く人は、一般の読者とは比べものにならないほど深い見識を持っているものだ。本は長きにわたる労力の結晶であり、深い考察と知の集合体である。インターネットとテレビの時代にあって、本は、参照、検証、学術的信憑性のよりどころとして、特別な地位を保っている。

本には本当のことしか書かれていないはずだと信じるのは、学生によくある間違いだ。「本当ですよ、本に書いてありましたから！」という台詞を、論証の裏付けや、果ては補強として学生たちが使うのを、何度耳にしたことか。単刀直入に言って、すべての本の内容が、事実をなぞり、背景と関連づけて文章にした

だけの中立的なものだとは限らない。

歴史の教科書はその興味深い例で、編集時の国家のイデオロギーをきわめて強く反映する。かつてのフランスとドイツの歴史教科書を――たとえば第一次世界大戦について――並べて比べるだけでわかるが、**同じ事実から同じ記述は生まれないし、ましてや同じ解釈は生まれない。**確かに、独仏はこの60年ほどで大きく歩み寄り、その結果、今では共通の歴史教科書が作られている。目的は「ドイツとフランスの生徒に共通の歴史認識の基盤を与える」ことだ。

両国が共通の歴史について意見を一致させられるというこの事実そのものが、現在のイデオロギー上の歩み寄りを示す。その反面、こうした教科書の共同刊行が珍しいとされており、その事実が実践の難しさを示してもいる。たとえば、フランスとアルジェリアに共通の歴史教科書が作成される日はいつか来るだろうか？

もちろん、教科書以外にも、書き手がある特定の説を擁護したり、見解を表明したりする本はごまんとある。やり方があからさまな場合もあれば、さりげない場合もあるが、いずれの場合も目的は、知らずしらずのうちに読者を書き手の考えになびかせることだ。そのような本が書かれるのは、書き手の真摯な信念からという場合もあれば、読者に信じ込ませることが書き手の利益になるからという場合もある。より中立的に見えるテーマ（経済学や生物学など）の本にも、偏向した主張が盛り込まれていることがある。

本を開く前に、誰（大学教員、ジャーナリスト、政治活動家）**が、いつ、どこで**（国、機関、時代）、**なぜ**（どの出来事を受けて、あるいはどのような帰結を見越して）**書いたのかを知ることが望ましい。**そうすれば、書き手がどんな「色眼鏡」を通して現実を観察し、それを読者に伝えようとしているかが推測できる。

信頼に足る検証された内容（年号・日付、数字、名称など）の提供を書き手に求める権利を、読者は有している。ただし分析については、書き手がいかに客観的であろうと努めても、完全に中立ということはあり得ないのだが。

ことほどさように、もちろん本書も含めて、本に書いてあることにはすべて真偽を疑う余地がある。賢い読み方をすれば、読書の価値は2倍になるはずだ。

Lecture 02

専門家に聞いても国際情勢は理解できない

よくある思い込み

専門家はそれぞれの分野について、揺るぎない知識を長年積み重ねてきた。何でも屋であることの多いジャーナリストとは逆に、専門家は明確な対象に特化している。特定の分野の知識を代表し、学術的な見解を示す。一般の人々にとって、専門家という肩書は、真摯さと客観性を保証してくれる。

いったい、国際関係のように微妙で重要なテーマに関して、客観的で中立的であることは可能だろうか？　いや、そんなことはあり得ない！

専門家はそのテーマについて深い知識を培ってきたかもしれないが、だからと言って客観的だとは限らない。**専門性は、中立性の前提とはならないからだ。**

専門家も、自身の経歴、出自、行動範囲などに応じて、さまざまな影響を受け得る。専門家に期待できるのは、せいぜい真摯な学術的視点と、たとえ個人的な考え方でも、論理的思考に沿って意見を表明する力だろう。

ところが、専門家の学識があれば、主観性は（なくなりはしないが）最小限に抑えられると、一般には考えられているのである。

問題が込み入ってくるのは、専門家がただ箔をつけて世論を誤った方向へ導くためだけに、存在しない学位や架空の役職をでっち上げる（あるいは偉そうだが名ばかりで実体のない肩書を組織に要求する）場合だ。つまり、私たちの目の前で情報操作が行なわれるのである。そのような専門家は真の客観性や学術性を欠いた視点を持ち、自らの個人的な信条から、あるいは単に自らの収入源を得たいという目的で、個人や国家の利益のために発言する。

そうした事例は数多あるが、なかでも特筆すべきなのは、イラク戦争開戦前に同国の大量破壊兵器保持を「専門家」たちが断定したことだ。事実ではなかったにもかかわらず、世論はそれを開戦の正当な理由とみなした。

この事実が物語るのは、人々の思考を啓発するのではなく、誘導する働きをする専門家がいるということだ。世論を啓発するどころか欺こうとする「えせ知識人」には注意しなくてはいけない。

それでは、たとえばテロ事件があった際、捜査の情報を何も知らないのに、テレビ局のスタジオに駆けつけてコメントする「専門家」たちを、私たちはどう考えればいいのだろう？　彼らにとっては好都合なことに、「言葉はいずれ消える」。けれども、彼らは情報とメディアが信頼性を失うのに手を貸し、陰謀論に間接的に加担しているのである。

嘘つきと陰謀論者は、1枚の硬貨の裏と表のようなものだ。**情報網が発達した結果、資質も人格も玉石混淆の専門家が登場している。**その言説に整合性があるかどうかを知るには、私たち自身が冷静に分析するしかない。

グローバリゼーション

la mondialisation

Lecture 03

グローバリゼーションは「抵抗できない力」ではない

よくある
思い込み

政府の首脳や専門家はいつも、自分たちはグローバリゼーションの前には無力だと言い切る。グローバリゼーションが技術や政治や社会を変える力には、とても抗えない。その動きを止めるのは不可能で、方向を変えることさえできない、と。

「グローバリゼーションの前には無力である」という口実で下される決断が、どうしても果たすべき義務のためではなく、実は単なる政治的選択に過ぎない場合があまりに多い。グローバリゼーションを引き合いに出して、賃金が最低レベルの人々の要求を抑え（「さもなければ雇用が途上国や東側の国々に移ってしまう」）、社会の上層にいる人々の収入を桁外れに伸ばそうとする（「さもなければ優秀な人材が別の先進国に流出してしまう」）ことも、ままある。

グローバリゼーションとは一体何だろう？ それは、通信や輸送、連絡を容易にする新しい技術の利用によって国境がなくなることであり、資本のより自由な移動であり、市場経済の拡大であり、情報技術の氾濫である。同時に、共産主義が崩壊した原因と結果でもある。

したがって、ある人々にとって、グローバリゼーションは民主主義の価値観と繁栄が世界中に広まることを意味するが、別の人々にとっては、地球全体のアメリカ化、不平等の増大、アイデンティティを脅かす非人間的な世界を意味するのだ（ただし、アメリカの優位は、他の大国の台頭によって揺らいでいる）。

実際、好むと好まざるとにかかわらず、グローバリゼーションはそこにある。今の世の中で、インターネットが廃止されたり通信の利便性が後退したりすることはあり得ないからだ。そのような現状を受けて、微妙に変化した語がある。1990年代にグローバリゼーションの状況に異議を唱えた人々である「アンチモンディアリスト（antimondialiste＝反グローバリゼーション主義者）」が、別の形のグローバリゼーションが可能だという意味を込めて「アルテルモンディアリスト（altermondialiste＝オルタナティブなグローバリゼーション主義者）」と自称するようになったのだ。

グローバリゼーションは確かに効果を発揮した（1990年代初頭以来、数億人が貧困ラインを脱した）が、そのとき社会正義が自然に伴なわなかったため、新たな不平等が生まれることになった。

そうだとしても、この状況は、よく言われるような「逃れられない宿命」ではない。実際にはその逆で、**グローバリゼーションは止めるのが難しい機械的なプロセスではなく、政治的選択によってその枠組みを決めることができるものなのだ。**したがって懸念すべきは、今日の政策決定者が一昔前の政治家とはタイプが違っていて、無能というわけではないが、意志力には欠けるということ。グローバリゼーションが吉と出るか凶と出るかは、彼らがそれをどう調整するかにかかっている。

Lecture 04

国境問題はいまだに存在する

よくある思い込み

グローバリゼーションの到来で国境は消え、人や物や情報の流れとネットワークを邪魔するものはもはや存在しない。領土問題は重要でなくなったのだ。電話やインターネットによって、時間と距離が、国家元首にとっても一般市民にとっても、目覚ましく短縮された。何万キロメートルも離れた人との連絡が瞬時にできる。金融の世界では、莫大な資金が物理的な障壁に妨げられることなく、一瞬にして世界中を駆け巡る。

グローバリゼーションは領土の論理を過去のものとし、国境を取り除いたと、よく言われる。確かに、通信と交通の発達によって距離が縮み、80日間世界一周は、もはやジュール・ヴェルヌ（訳注：SF作家。『十五少年漂流記』などで知られる）

の時代のような壮挙ではない。また、今日ではどんな国家も閉鎖経済でやっていくことはできない——北朝鮮ですら、他国と関係を結んでいる。
しかしそれでも、国境がもう存在しないとは言いがたい。

たとえば、地球の北から南への移動は（仕事のために個人で移動するにしても、観光のために団体で移動するにしても）ますます容易で、金銭面でも手頃になっているかもしれないが、経済的な理由のせいで南から北へ移住するのは難しくなるいっぽうだ。国家は移動の容易さに対抗し、ビザを使って19世紀にはなかった抑制政策をとるし、それが移民をひるませるには不十分だとなれば、躍起になって壁を造ろうとする。実際、アメリカはメキシコとの国境に、スペインはモロッコからEUへの入り口となる飛び地のセウタとメリリャを守るために、防壁を築いている。

それに、領土の境界の画定を巡るトラブルは、いまだに大半の紛争の主な理由となっている。

たとえば、１９９０〜１９９１年の湾岸戦争はイラクによるクウェート併合が原因だったし、２００３年のイラク戦争は、中近東の地図を書きかえたいアメリカの思惑によって始められた。あるいはまた、多数の未解決の領土問題が、国家間（インドとパキスタン、中国と日本、韓国と北朝鮮など）の緊張の原因となっている。イスラエル・パレスチナ間の紛争の争点は宗教ではなく（イスラエル人はパレスチナ人をユダヤ教に改宗させたがってはいないし、パレスチナ人はイスラエル人をイスラム教やキリスト教に改宗させたがってはいない）、エルサレム市街を含む領土の分割（の是非）に他ならない。

あるいは、**今日のテロの脅威は確かに分散化しているが、標的とされるのはいずれにしても国家の領土であり、防衛体制を整えるのはその国家の責務である**。ちなみに、「イスラム国」は広大な領土を手中に収めて基盤としていたが、それらの土地は多国籍軍に奪回されつつある。

要するに、**21世紀においても、国境、領土、国家は、依然として国際関係の理解に欠かせない要素なのだ。**

Lecture

05

国家は今もなお国際舞台で中心的な役割を担っている

よくある
思い込み

グローバリゼーションの時代にあって、国民国家は大きな物事には小さ過ぎ、小さな物事には大き過ぎて、役に立たず、もはや中心的役割を担ってはいない。国際舞台では、多国籍企業、国際機関、NGO（非政府組織）をはじめ、より機動性と柔軟性に富む新しい多様なプレイヤーが国家と張り合っている。

国際舞台のプレイヤーはもう国家だけではないことに、疑問の余地はない。**今日の国際関係が、古典的理論で定義されたような「国家間の」関係に集約できなくなっていることは確かだ。**

ただ、国際舞台のプレイヤーは元々からして国家だけではなかった。宗教的あるいは経済的使命を持つ団体――東インド会社などの特許植民会社から、テンプル騎士団やイエズス会に至るまで――が、それぞれの時代に実権を握り、世界を牛耳ってきた。そうした国家以外のプレイヤーは、１６４８年のウェストファリア条約による秩序の確立、つまり国家の主権と中心的役割が公認された後も生き残ってきたのだ。

したがって国際舞台には常に国家の競争相手がいたが、近年、グローバリゼーションによってそうしたプレイヤーが増殖し、多様化し、活発になり、目立つようになっているのだ。国家の主権から脱するのは、国境なき使命を掲げるNGOのまさに目指すところでもある。多国籍企業は自らに有利な力関係を築いて、比較的開発の進んだ国と提携できるし、貧困国とはさらにたやすく提携できる。他にも、柔軟性に富み、反応が機敏で、煩雑な手続きを踏む必要がないプレイヤーたちが少なからず存在する（インターネットのおかげで、反グローバリゼーション主義者などが国家指導者の決定に抗議できるようになった）。

それでも、もはや独占的地位にはないとは言え、国家は依然として国際関係の主

役である。ＮＧＯから多国籍企業に至るまで、プレイヤーの活動はすべて国家に向けられている。実際、多国籍企業（および国家に圧力をかけて自らの利益を優遇させるロビー団体）がどれほどの力を持つにせよ、最終的には国家が、インフラの建設はもとより、投資の規則や労働法を決める。また、ＮＧＯは規則の制定（対人地雷の禁止、地球温暖化対策、医薬品の特許期間など）を求めることはできるが、条約を批准するか否かを最終的に決断し、規則を作るのはやはり国家である。

それに、国際舞台に登場するプレイヤーの数は増えるいっぽうであり、うまく居場所を見つけづらくもなっている。

ただし国家によっては、主権を行使できない場合もある。国内の武装勢力、多国籍企業との微妙な力関係、ＮＧＯや世論からの抗議などが国家主権を脅かすからだ。また一方で、国家の数が１９４５年の約50カ国から今日では２００カ国近くに増え、それに伴って国家の地位が低下しつつあることも確かだ。

しかしそれでも、国家は依然として国際関係の中心に位置しており、無視できないプレイヤーであることに変わりはないのだ。

Lecture 06

「国際社会」は存在しない

よくある思い込み

国際社会とは、国境の内側のいわゆる国内社会を地球規模にしたものだ。国際社会は、国際問題をできるだけうまく調整して集団の利益を守ることを目指す。重要な問題が生じると、すぐさま国際社会の役割が話題になる。あらゆる国の民が同じ世界を共有し、その結果、1つの社会を作り上げているのだ。

グローバリゼーションの結果、確かに世界は狭くなった。交通と最先端の通信・情報技術の発達のおかげで、私たちは遠い国や地域の文化を以前よりもよく知っている。人々が国境を越えて移住することにより、文化と民族は混ざり合うのだ。

それでも、この「国際社会」という言い回しはずいぶん的外れだ。国際関係に大きな影響力を持つ国家以外のプレイヤーはさておき、国家だけを見ても、想定される「国際社会」のメンバー全員が利害を同じくするわけでないのは明らかだからである。

確かに、世界は冷戦時のような二極体制でなくなったとは言え、主要な課題について共通の集団的見解を求めても何も得られないだろう。集団の利害に関して、どこからも異論の出ない決定を下して調停してくれる世界規模の裁判所など存在しない。各国の相反する利害に、短期的視点に立つ選択が（しばしば選挙のスケジュールに合わせて）加えられるばかりで、長期的な視点に立った考察は皆無だ。

とくに欧米社会では、自分たちの社会が「国際社会」だと思い込む傾向がある。ところが、今や欧米だけが力を独占してはいないのだから、世界の「代表」のような顔をして発言することはもうできない。地球温暖化、大きな自然災害、原発事故、感染症の大流行といった地球規模の災厄に際してこの「国際社会」が意思表明をすることが時折あるが、**困ったことに、国家間の見解の違いがある**

ことで集団的な決断が阻まれることはいまだに起こっている。

地球温暖化の問題に、それがよく表れている。温暖化の脅威は深刻で差し迫っており、あらゆる国に関わる事案だ。すぐにも長期的な対応をとる必要に迫られているなかで、各国はそれぞれ少しずつでも行動できるはずである。それなのに、これまでかなりの年月を費やしても、この脅威に立ち向かうための拘束力と実行力のある集団的決断にいまだに賛同できない国々がある。それを考えれば、２０１５年12月のＣＯＰ21で調印された気候変動に関するパリ協定は、あらゆる意味で得難いものだったことがわかる。

そもそも、メディアが「国際社会」という言葉を使うときは、決断力や成果の不足が示唆される場合が多い。「国際社会」がたとえ存在するとしても、その最も目につく特徴は、それが相変わらず無力であるということに尽きるのだ。

Lecture

07

国際的な構造変化は9・11以前から起きている

よくある思い込み

2001年9月11日にアメリカで起きた同時多発テロは人々を震撼させ、国際戦略の転換点となって世界の様相を変えた。この事件によって私たちはグローバルなテロの世界に放り込まれた。この恐ろしい事件は、国際戦略を一変させる大きな転機であった。

2001年9月11日に相次いで起きたテロ事件の映像の派手さ、恐ろしさと、実際に世界の秩序に与えた影響が混同されることがよくある。ニューヨークのワールドトレードセンターとワシントンのペンタゴン(国防総省)へのテロ攻撃は、テレビ中継によって世界中で同時体験された。メディアで繰り返し流された衝撃的な映像が、被害の甚大さと共にあらゆる人の記憶に残っている。死者数は3000人近くに上った。まさに青天の霹靂で、ショックの大きさは計り知れなかった。テロリスト集団が民間航空機の進路を変えて世界最強の国家の心臓部を直撃するなんて、いったい誰が想像できただろう？

この事件が地政学上の激震だったのは明らかだが、**国際関係の構造そのものが9・11のテロによって転覆されたとは言えない。**大国間の力関係は変わっていないし、アメリカは「対テロ戦争」で同盟国を率いたことで主導権を確立さえした。

9・11で深手を負いはしたが、アメリカは弱くなってはいない。その後弱くなったとすれば、イラク戦争の惨憺たる結果のせいである。この戦争はテロへの対応として適切ではなかったのだ。

また、日本や中国、ヨーロッパ、ロシアなどの相対的立場にも構造上の変化はなく、同盟の体制は大きく変わってはいない。新興国の台頭が目立ってはきたが、原因は9・11ではなく、それらの国々が経済的に成長したためだ。世界が直面していた大きな難問——地球温暖化、南北の経済格差、感染症の世界的大流行、地域紛争——についても、問題点が根本的に変わったわけではない。

テロは昔からあったが、**この事件は首謀者さえ驚くほどの成功を収めたために強い衝撃を世界に与えた、というのが実際のところなのである。**

ソビエト連邦の内部崩壊と共産圏の解体は、東西対立の二極時代を終わらせたことで新たな世界の誕生につながったが、9・11はそのような結果をもたらしてはいない。9・11でアメリカは自らの脆弱性を思い知らされ、結果、ジョージ・W・ブッシュの主導で出された——私たちに言わせれば、誤った——結論が、イラクでの戦争につながった。だが、イラク戦争は地域の安定を乱しただけであり、全体的な均衡を正すことも、ある国際秩序に終止符を打つことも、新たな世界秩序の創出を促すこともしなかったのだ。

言い換えれば、**秩序の再構築は、近年の最も大きな戦略的転機であった二極世界の終焉以来、着々と進んできたのである。**

Lecture 08

世界は一極体制になり得ない

よくある
思い込み

アメリカは唯一無二の強国であり、どんな大国もアメリカと肩を並べられない。アメリカのように世界を支配した国は、歴史上1つもなかった。

現在、アメリカと肩を並べられる国は実質的に皆無である。アメリカには、米ソが競い合っていた時代のような同レベルのライバルはもういない。ヨーロッパは一体性もなければ戦略的な強さもないし、日本はアメリカの国民総生産の3分の1しか生み出しておらず、防衛をアメリカに大きく依存している。中国は相対的に孤立し、豊かさでも魅力でも、アメリカには到底かなわない。ロシアは1990年代の凋落に終止符を打ったとは言え、ソ連時代の強さを取り戻すのは不可能だろう。

実際のところ、国の強さの主な基準（経済、戦略、広義の文化、技術）を考えれば、どの基準をとっても、また、それら4つの基準を総合すればなお確実に、アメリカが首位にあることがわかるだろう。アメリカの18兆ドルを超える国内総生産は世界一であり、中国は成長著しいとは言えまだその後塵を拝している。人口は3億2100万人を擁し、大規模な国内市場を確保できるうえ、西側諸国では珍しく人口増加が見込まれている（その大半は移民に関連する）。さらに、アメリカからは世界の特許の実に半分近くが登録されている。各国にとって最も重要な二国間関係は、それが良好であるか否かにかかわらず、アメリカ政府との間に築かれた関係である。

それでも、世界は一極体制ではない。グローバル化した世界の中で、ある国が単独で世界を支配しているかのように振る舞うことはできないからだ。それは、イラクとアフガニスタンの戦争だけで十分に証明されている。**世界が本当に一極体制であれば、超大国アメリカは、イラクのように30年間の独裁と12年間の輸出入禁止と3度の大規模な戦争で疲弊した人口2500万人の国を、何の苦もなく治め**

ることができたはずだ。イスラエルとパレスチナに和平をもたらすこともでき、その和平はイスラエルとの戦略的同盟ともアラブ諸国との間に築くべき関係とも矛盾しないものとなっただろう。覇権をめぐって争う国々があったとしても、国の規模や対立の激しさにかかわらず、アメリカが全体の秩序をいともたやすく回復できるはずなのだ。イランは12年もの交渉を要さずとも核開発計画を停止したはずだし、中国はアメリカの最初の要請にすぐさま応じて人民元の切り上げに踏み切り、ロシアはクリミアを併合しなかっただろう。

グローバリゼーション、国際的プレイヤーの増加と多様化、解決すべき世界規模の課題の多さにより、一極体制という観念は時代遅れになった。アメリカが圧倒的優位にあるため多極体制とは言えないが、グローバリゼーションのおかげで一極体制でもないのだ。バラク・オバマはこの状況について、「**アメリカ抜きではどんな問題も解決できないが、アメリカだけでは世界規模のどんな問題も解決できない**」と表現した。とはいえ、連邦議会とアメリカの世論がそうした現状を正しく共有しているかどうかは疑わしいのだが。

Lecture 09

国連は無力ではない

よくある
思い込み

国際連合（国連）には、戦争を止める力がない。常任理事国の拒否権が安全保障理事会を麻痺させ、独裁体制にある多くの加盟国が、民主主義や人権問題の進展をことごとく妨げている。

国連の無力を責めるのは、世界の現状の責任をすべて国連に押しつけ、結果と原因を混同している証拠だ。

国連憲章によれば、国連の使命は主に3つある。国際平和と安全、社会の進歩と経済の開発、人権と基本的自由の擁護である。確かに、これまでの成果を総括すれば、それらの完全な実現からはほど遠いかもしれない。なすべきことは依然として山積しており、国連は肥大した無能な官僚組織のように見えなくもないだろう。

しかしそうは言っても、肥大の程度はさほどひどくない。国連（平和維持軍は除く）の通常予算は2年間で54億ドルでしかなく、それに平和維持活動の予算83億ドルが加わるだけだ。

注目すべき問題は国連そのものよりも、国際社会がおかれている現状と、そこにある分断である。国連では、安全保障理事会の5つの常任理事国（アメリカ、ロシア、中国、イギリス、フランス）間の不一致が障害となることが少なくない。戦後、国連憲章で定められたシステムを機能させるためには、この第二次世界大戦戦勝国による同盟が存続することが必要であった。ところが、冷戦によって分断が生まれ、この同盟はすぐに解消されてしまう。理事国の各国は拒否権の存在を利用して、それぞれの新しい同盟国を守ろうとするようになったのだ。

しかし、システムの機能不全を拒否権の存在に帰してしまうのも、正しい問題解決とは言えないだろう。**機能不全の原因はむしろ、対立し合う大国同士が1つの集団的システムに属している状況そのものにある。**

歴史を振り返ってみれば、冷戦が終わって、1990年にイラクがクウェートに侵攻した際、国連憲章で定められた集団的安全保障システムが史上初めてその機能を果たすことになった。国連の安全保障理事会はイラクに最後通告を発し、クウェートから部隊を撤退させようとした。そして、この最後通告が無視されたため、国連憲章に定められた方法で合法的軍事行動が初めて承認され、当時のアメリカ大統領ジョージ・ブッシュ（父）が称えたような「新たな世界秩序」への希望が生まれたのである。

しかし、その後まもなく、国同士の敵対関係の論理が再び優先されるようになった。とはいえ、安全保障理事会において西側の国々とロシア、中国が合意に達することは決してないと言い切るのは間違っている。合意に至る場合ももちろんあり、そのなかにはイランの核開発計画のような微妙な問題もある。また、国連安保理決議第1973号が、リビア国民を「保護する責任」を履行するために採択されたこともある（ただし採択に至ったのは、ロシアと中国が棄権したことによるが）。ところが、発動する際にその目的が国民の保護から政権交代に変わったことが、その後の平和維持活動にとって足枷となっている。

それでも、国連は南アフリカのアパルトヘイト撤廃やカンボジアの法治国家への回復などで大きな成功も収めている。**何よりも意識すべきなのは、すべての国を結ぶ唯一の絆である国連がなければ、紛争と不平等はもっと増えていたはずだということだ。**

また、国連の成果を公平に総括するためには、世界保健機関（WHO）、国連難民高等弁務官事務所（UNHCR）、ユニセフ、ユネスコなど、すべての専門機関の活動にも目を向ける必要があるということも付け加えておく。

ちなみにこれまで、国際的な力関係の変化に配慮して安全保障理事会の常任理事国を10カ国に拡大するという案が提出されたことがあるが、今もなお棚上げされたままである。

Lecture 10

武力行使ではなく外交交渉こそが最善の道である

よくある
思い込み

外交交渉は弱腰の隠れ蓑に過ぎない。衝突に至りかねない現実から目を背けるために、苦し紛れの交渉がしばしば行なわれるのだ。しかし、衝突を避けようといくら心を砕いても、紛争は阻止できない。平和で豊かな民主主義国家はもはや戦争を望まず、専制国家と対峙すると腰が引けてしまうからだ。欧米の外交姿勢の特徴は「ミュンヘン症候群」だと言っていい。

ミュンヘン協定といえば、欧米の人々の記憶に刻まれ続け、外国と交渉する局面で繰り返し言及される歴史的な協定である。１９３８年9月30日に調印されたこの協定により、ヒトラーは、チェコスロバキア領でありながら人口の大半がドイツ人だったズデーテン地方を取り戻した。英・仏政府のトップだったチェンバレン首相とダラディエ首相が同盟国チェコスロバキアを見捨てて協定を受け入れたのは、それによって平和が維持できると信じたからだ。ところが、この協定はヒトラーの強欲をさらにかき立てたに過ぎなかった。慧眼なチャーチルは協定への合意を見越して、当時こう断言していた。

「戦争か屈辱かを選ぶよう強いられて、あなた方は屈辱を選んだ。しかしやがて、戦争をする羽目になるだろう」

ミュンヘン協定は、当時のフランスとイギリスの世論からは喝采を浴びた。フランスで行なわれた初の世論調査でも、57パーセントのフランス人がこの協定を支持している。

この歴史的事例から、あらゆる交渉は敗北主義に等しいという極端な結論を導き出す評論家もいる。けれども、**他国と交渉したからといって、それが自動的にその国への盲従につながるわけではない。**一般に、政府が強硬姿勢をとらなかったり開戦をためらったりすると、「ミュンヘン協定の轍を踏むな」という声がたちまち高まるのは、このことを理解していない証拠である。

たとえば、1956年にフランスのギ・モレ首相は、ミュンヘン協定を引き合いに出して、のちに惨憺たる結果をもたらすスエズへの軍事介入を正当化した。あるいはフランソワ・ミッテラン（フランス元大統領）やヘルムート・コール（ドイツ元首相）は、ゴルバチョフが堅実なパートナーになり得ると考えて好意的に対応したが、反対勢力はその姿勢を批判して「ミュンヘン気質」と評した。それでも、ゴルバチョフとの対話のおかげで、冷戦は平和的に終結したのだ。

「ミュンヘン気質」は、2003年のイラク戦争に反対した人々についても言われた。**だが、この戦争は地域の安定とテロの減少につながるどころか、まさしく正反対の結果を招くことになった。**同様の批判が、2005年以降、イランの核武装を阻止するための空爆への働きかけに反対した人々にも向けられた。ところが、非核化の目的を達成するための合意が2015年7月14日に実現したのは、空爆ではなく、（長きにわたる）交渉のたまものだった。

ロシアがクリミアを併合したあとも「ミュンヘン気質」が言及され、ロシアに対してより強硬な姿勢をとるべき論拠とされた。だが、休戦が成立したのは（ウクライナ政府と同国内の親ロシア派間で交わされた停戦合意協定である）ミンスク合意と、

「ミュンヘンの二の舞を避ける」ためのウクライナへの武器供与のおかげだった。ただし、このときの武器供与は逆に、対立をヨーロッパ全域へと広げるおそれもはらんでいたことを忘れてはならない。

問題は、武力の行使が常に有効であるどころか、その逆であり、外交交渉が紛争解決の最善の道である場合が少なくないことだ。外交はまさに、敵対国や仮想敵国同士の対話を可能にするために行なわれる。アフガニスタンでも、イラクでも、リビアでも、力による政治はむしろ逆効果で、表向きの目標さえ達成できなかった。今日、「ミュンヘン症候群」を隠れ蓑として利用するのは、新保守主義者のような、軍事力の優位を利用して欧米の観点を押しつけようとする意図を隠しもった人々である。しかし、そのような押しつけはもはや不可能なのである。

Lecture 11

世界の状況は「悪くなる一方」ではない

よくある思い込み

テロ、果てしない紛争、流血の内戦、難民問題、感染症の流行、失われつつある生物多様性、経済危機、地球温暖化、資源の枯渇等々……。世界の状況は日に日に悪化していくようだ。

外見と実態は、しばしば食い違う。実際、世界の現状には不満の種がいくらでもあるように見えるが、**その原因は現状が悪化しているからではなく、むしろ、悲惨な状況が広く知られて大きな反応を引き起こすようになっていると共に、世間の目がより厳しくなっていることにある。**

戦争は昔ほど多くないのに、伝えられる情報は増えている。過去には大規模な虐殺がもっと頻繁にあったが、その存在すら知られていなかった。また、最近の北朝鮮の核実験が私たちの不安をかき立てるにしても、地球を滅亡させかねない全面的な核戦争の危機は、もう人類に迫っていない。すべての大陸で民主主義が広まっているし、選挙による政権獲得がますます増え、武力による政権獲得は減るいっぽうだ。

現実を理想とではなく過去と比べて見れば、状況は着実に改善していることがわかる。この30年間で7～8億人が貧困ラインを脱した。大飢饉の時代は過ぎ去ったのだ。人々の教育と知識の水準は上がり続けており、20世紀の間に世界の富は20倍に増え、寿命は2倍に延び、健康に老いることが可能になった。

人種差別は残っているものの、アメリカなど民主主義が確立された国にすらかつて見られたような差別的制度は、もうない。南アフリカとローデシア（現在のジンバブエ）では、アパルトヘイトが廃止された。男女平等は、いまだに道半ばとは言え、大半の社会で当たり前になっている。20世紀は女性解放の世紀だったと言えるかもしれない。この世紀の幕開けには、あらゆる社会で、選挙権も含め、女性にまったく権利が与えられていなかったからだ。

さまざまな科学分野で技術革新が進んで特許登録が増え、物資の不足や病気や死に立ち向かうことができるようになった。技術の進歩が人間社会の進歩の証となるわけではないが、情報・通信の先端技術（ＩＴ）のおかげで、情報がより広まりやすくなった。

さらに、変化の原動力となる市民社会が至る所で発展している。国家はもはや情報を独占しておらず、今では個人が情報を受け取れると共に、発信することができる。民主主義の定着の仕方は一様ではないものの、１９６０年代の状況とは異なり、今や地球上に残る全体主義国家はただ１つ、北朝鮮だけとなった。専制国家も含めて、どんな国にも世論が存在する。国民に対する政府の支配力は弱まった。国際法廷が設置されれば、独裁者も裁きを免れない。

移動の自由、結婚するか否かの選択、パートナーの選び方、性的指向の受容、子供を持つか否かの選択に関しては、飛躍的に自由になった。**「昔のほうがよかった」と思う人がいるかもしれないが、それは過去を忘れたか美化しているだけなのだ。**

ただ、**最大の懸念材料は、地球温暖化だ。**生物多様性の減少と環境破壊は確かな現実であり、原因は人類が自然を尊重しないことである。地球温暖化対策として2015年に調印されたパリ協定から離脱するというドナルド・トランプの決定は、新たな懸念材料となっている。

人類は毎年、地球が1年に生産する以上の物質を消費している。しかし、現時点では地球の代わりとなるものはない。環境保護と両立させるべく、人口増加と経済成長を調整することが必要である。

Lecture 12

「西洋」が直面しているのは危機ではなく均衡の回復である

よくある思い込み

西洋がいまだに世界を支配しているとは言え、アジアとイスラム教の国々からの異議申し立ては勢いを増すいっぽうだ。「白人」の世界は人口動態でも劣勢で、埋没の危機にさらされている。

ヨーロッパは15世紀から20世紀初頭まで世界を支配した。その後をアメリカが引き継ぎ、アメリカはソビエト連邦との競争を余裕で乗り切った。ソ連がアメリカと肩を並べたのは1960年代末から1980年代初頭までのごく短い期間に過ぎない。それでも、「西洋人」の一部は、自分たちの強さが疑われることを恐れている。

このテーマについて掘り下げる前に、まずは「西洋」の定義を一致させることが必要だろう。この語は元来の意味どおり、ヨーロッパ、アメリカ、カナダのみを意味するのだろうか？「白人」の国全部だとすれば、オーストラリアとニュージーランドも加えるべきではないか？ あるいは、日本、韓国、台湾などの工業化された先進国も含むだろうか？ **このように、「西洋」の定義はさまざまであり、従って脅威の定義もさまざまだ。**たとえば、日本は１９８０年代にはヨーロッパとアメリカの経済の安定にとって脅威とされたが、今ではそれも昔話となっている。

「西洋」の人々が何かを脅威と感じたり、優位な立場を失うかもしれないと恐れたりする背景には、アフリカとアジアの国々の人口動態と移民から受ける圧力、拡大を続けるイスラム圏から受ける政治的圧力、インドと中国という成長著しい２つの大国から受ける経済的圧力などがある。それでも、**「西洋」諸国は明らかに支配的地位にあるように見える。**その理由は、ずば抜けて裕福であること（世界の国内総生産に占める割合はアメリカが23パーセント、ＥＵが23パーセント、日本が6パーセント強）、原料とエネルギーの主たる消費国であること、通貨が国際貿易に使用されていること、経済を支配していること、軍事面でも優位にあることだ。

しかし、人類の6分の1が世界の富の6分の5を使い続けられるという、20世紀末まで続いたような状況は、もはや理解を得られるはずがない。**均衡の回復は必然である。**中国の場合、それは正常な状態への回帰に過ぎないとも言える。発展が著しい中国は、今から21世紀半ばまでに、19世紀初頭に世界経済に占めていた割合を取り戻す見込みだ。その他の主な新興国であるインド、ブラジル、南アフリカは、少なくともその地域内では大国であり、世界貿易機関（WTO）をはじめとする国際機関でも勢いを増すいっぽうだ。

支配的地位を保ちたいと望むのは仕方ないことだとしても、方法は選ぶ必要がありそうだ。つまり、**「西洋」の国々がどんな代償を払ってでも既存の力関係を保ちたいと望み、そのために力に頼ろうとすれば、ひどく当てが外れるか、危険に身をさらすことになるだろう。**ある程度の均衡の回復を受け入れるほうが、現在の地位を保ちやすく、少なくとも衰退をいくらか抑えられるうえに、自らの利益にもなるはずだ。

Lecture 13

フランスは国際問題への取り組みで存在感を保っている

よくある
思い込み

フランスは過ぎ去った栄光の思い出に浸って生きている。国際舞台でまだ存在感を保っていると錯覚しているが、着実に衰退しつつあり、もはや世界の大きな難問を解決する力はない。

フランス衰退説が生まれる原因は、歴史との比較が不適切であるのと、今日の国力を評価する方法が誤っているからだ。「フランスはもはや、ルイ14世やナポレオンの時代のような地位を占めていない」という言い方は洒落ているかもしれないが、比較対象とする時期をもっと絞る必要がありはしないだろうか。「ナポレオンの時代」とはナポレオンが勝ったアウステルリッツ会戦の頃か、敗れたワーテルローの戦いの頃か？「ルイ14世の時代」とは太陽王の絶頂期か、治世終盤の混乱期か？

確かに、世界を支配したヨーロッパ大陸でフランスが第一の大国だった時代は過ぎ去った。それでも、歴史上の他の時期（スダンの戦い［訳注：1870年、普仏戦争でナポレオン3世がプロイセンの捕虜となった戦い］、多大な犠牲を出した第一次世界大戦、ヴィシー政権、ディエンビエンフーの戦い［1954年、第一次インドシナ戦争でフランス軍がベトナム軍に敗れた戦い］）と比べれば、**今のフランスには、国際舞台での存在感を裏付ける確かな論拠がある。**

もう一つの誤解の原因は、「強さ」の概念だ。他者に行動を強制する力や、他国に決定を押しつける力が「強さ」である時代は、もう終わった。仮にそれが強さだとしても、「最強の国家」アメリカでさえ、その基準を満たすことはできないだろう。強さにもさまざまなタイプがあることを鑑みれば、突出したアメリカの他にも、大国と呼べる国が世界に5～10カ国ほどあるのではないだろうか。いずれも、諸問題について広範に巨視的な見解を表明できる国だ。そうした大国は、どんな問題であれ単独では決定を下せないが、自らのとる行動を通じて問題の解決に貢献することができる。

フランスはそのような国のひとつだ。客観的な理由から挙げていけば、国内総生産で世界第6位、国連安全保障理事会の常任理事国、EUの原加盟国[1]、G7とG20と世界貿易機関のメンバー、核兵器保有国であり、領土はヨーロッパからオセアニアを経てカリブ海地域に至ることなどがある。

国際舞台でのフランスの行動に世界が格別の関心を寄せるのは、普遍的な価値観を有する国だと思われているからだ。フランスが特別だと言うのは、ときに反発を招くかもしれない。だが、**フランスは、自らの国益を超えて大義を守ろうとする国と評されることが少なくなく、グローバルに考えられる力を今でも評価されている。**

今日ではどんな国も、国際問題を単独で解決できるかのように振る舞うことはできない。とはいえ、**フランスはいまだに国際レベルで存在感のある国だ。**少なくとも他の国々は、好むと好まざるとにかかわらず、そのように見ている。

確かに、他の大国の台頭を見れば、フランスは相対的に衰退しているようにも思える。もしフランスが自国のメッセージをより効果的に伝えようと思えば、多国間主義で行動し、かつて失敗の元となった尊大な姿勢を捨てるべきだろう。指導者は自己卑下（「フランスはもう影が薄いから、独立した意志を持つのはもう無理だ」）と自画自賛（「フランスは世界のリーダーになれる」）という2つの罠に陥ってはならない。フランスならではの魅力を保ちたいならば、次項で述べる「ドゴール＝ミッテラン主義」路線で独自の国際政治を続けることも必要だろう。

2017年のフランス大統領選挙には世界中が注目したし、国際的な首脳会談の度に、新大統領がどんな行動をし、外交姿勢をとるかに報道機関も各国の指導者も強い関心を示す。これはフランスが国際舞台で存在感を持ち続けている証である。

［1］イギリスがEUから離脱すれば、フランスはEUで唯一、国連安全保障理事会の常任理事国であると同時に核兵器を保有する国となる。

Lecture 14

フランス外交の独自路線は今なお健在である

よくある
思い込み

第五共和政が始まって以来フランスの外交を牽引してきたドゴール＝ミッテラン主義は、冷戦が終わり、東西の溝が消えた今日、もはや存在意義がない。

第五共和政を発足させたドゴール将軍は、フランスが第四共和政と決別し、植民地戦争とアメリカへの依存・追随の時代を終わらせるにあたり、外交政策では他国に頼らない独自路線をとることにした。そしてそれを理由に、核兵器保有を正当化し、集団的軍事機構である北大西洋条約機構（ＮＡＴＯ）からの脱退を表明した。フランソワ・ミッテランは野党時代にはそうした政策を批判したが、ドゴール辞任の12年後に大統領に就任すると、これを継承・発展させ、自分流に作り直した。そのため、この路線は「ドゴール＝ミッテラン主義」と呼ばれている。ドゴール＝ミッテラン主義支持者は、大西洋主義や西洋主義の支持者と対立する。

ドゴール＝ミッテラン主義支持者の考えでは、フランスは単なる西洋の一国ではない。かつての「途上国」、今日の「新興国」との協働という特別な役割を持つ国であり、その役割を全うすることが国益にもなる。それを可能にする唯一の道が、独立路線を保ち、固定化した同盟関係に与しないことだ。**フランスは全体の利益に目配りし、多国間主義と世界の多極性を尊重しなくてはいけないと、彼らは信じているのである。**

いっぽう、大西洋主義者と西洋主義者の考えでは、フランスはまず1つの政治的な「家族」に属する国であり、その家族およびそのリーダーと連帯することが主な務めとなる。フランスに危機をもたらす大きな脅威（かつてはソ連、今日ではイスラム主義や、中国などの新興国の台頭）があるせいで、西洋のリーダーに従うほかないと、彼らは考える。

ソ連が内部崩壊し、共産圏が消滅したあと、大西洋主義者の一部が「西洋主義者」となったため、両派は合流するのではなく再編されることになった。西洋主義の支持者に言わせれば、西洋世界を脅かしかねないのは、ソ連時代と本質的に少しも変わらないロシアの独裁体制や、中国の優位や、イスラム圏の勢力増強である。「ファシスラミズム（訳注：イスラム教によるファシズム）」について語る人もいる。この主義の信奉者は西洋が途上国に進歩をもたらすと思っているため、他国への干渉に賛成してきた。

結局、**ドゴール＝ミッテラン主義と西洋主義の溝は消滅したのではなく、変形したのだ。**たとえばジャック・シラクが２００３年にイラク戦争への参戦を拒んだのは、冷戦終結から年月を経てもドゴール＝ミッテラン主義の姿勢を貫いた例と言える。その姿勢は２００５年以降弱まったものの、その後、２０１７年の大統領選挙期間中に、エマニュエル・マクロンにより強調されることとなった。

Lecture 15

「見捨てられた大陸」アフリカは今や世界の注目の的である

よくある思い込み

果てしない内戦に引き裂かれ、腐敗に蝕まれ、エイズの蔓延で荒廃が進む……。アフリカについての話には悲惨な言葉がつきまとう。アジアと違って、アフリカは経済的な飛躍を経験したことがない。独立してこのかた、あらゆる社会モデルが（社会主義も、欧米型も）失敗してきた。

今世紀初頭まで、アフリカ悲観論の根拠には事欠かなかった。21世紀のはじめには、アフリカは世界の人口の12パーセントを占めながら、国内総生産が世界の1パーセント、国際貿易額が2パーセントだった。2006年には世界全体のエイズによる死者の70パーセント以上、さらにエイズ患者の3分の2がアフリカに集中していた。

また冷戦期においてはアフリカが東西対立の舞台の1つとなったが、冷戦の終結は残念ながらアフリカを利することにはならなかった。冷戦期間中の19

70〜1980年代には超大国がこの大陸の支配をもくろんでいるとして非難されたが、冷戦後の1990年代になると、さらに悪い状況が予想されるようになった。すなわち、アフリカは見捨てられかねなかったのだ。

ところが、**21世紀初頭からは、アフリカ楽観論が悲観論に取って代わる。**アフリカ大陸全体が経済成長を遂げ、「発展予備軍」とみなされるまでになった。多くの国々（ガーナ、セネガル、ボツワナなど）が政権交代によって確立された民主主義の恩恵を受けている。かつては出来レースだった選挙も、大半の国で真に統治者を選ぶ手段となり、その結果、緊張や危機が生じる例（マリ、コートジボワール、ケニア）すら出てきている。

市場経済が発展し、アフリカは再び外部の多数の大国から注目されるようになった。旧宗主国（フランスなど）のみならず、アメリカも（主に石油がらみの要因と、テロとの戦いに関する面からではあるが）関心を示している。中国、日本、そしてインドとブラジルも、アフリカではきわめて積極的に活動している。

なかでも中国は、経済と外交、ことにインフラ整備で確実に存在感を高めている。野心的な新シルクロード（一帯一路）構想には、歴史上のシルクロードが通らなかったアフリカも含まれる。中国はケニアのモンバサとナイロビを結ぶ新しい鉄道路線をすでに開通させたほか、2017年9月にはギニア共和国との間で、ギニアの国内総生産額を超える200億ドルの融資協定に調印した。

このように富裕国も新興国もともにこの大陸に再び目を向けているのは、グローバリゼーションがはらむ多くの問題——原料、感染症の世界的大流行との闘い、大量の移民、環境保護など——の核心が、再びアフリカにあるからだ。この大陸は破綻国家（ソマリア、ジンバブエ、コンゴ民主共和国［RDC］、南スーダン）も抱えるものの、今世紀初頭以来、原料価格の高騰という追い風を受けて年5パーセントの全体的な経済成長を遂げてきた。また、固定電話が普及していなかったため［1］、いきなり携帯電話の時代に入って、利用者は6億人を超えた。市民社会も発達し、世論の動きが活発化している。

もちろん、道はまだ半ばだ。アフリカは、若年層の問題（教育、健康、就職）、公正な統治、より強固な国家機構の構築という課題に立ち向かわなくてはいけない。それだけでなく、経済成長の成果があまりに不平等に分配されている現状を脱し、より「包括的」な成長を実現することも必要である。

［1］20世紀末には、アフリカ大陸全体の固定電話の総数より、ニューヨークのマンハッタン地区にある固定電話の数のほうが多くなった。

Lecture 16

地球温暖化問題の解決には国際的規制が不可欠である

よくある
思い込み

京都議定書のような法的拘束力を持つ国際的規制は、地球温暖化の防止には役立たない。地球温暖化は現実の脅威であるにしても、エネルギー消費や汚染物質を含むガスの排出を抑える技術の進歩によって、やがて解決できるだろう。

冒頭の「思い込み」に見られる姿勢は、気候変動の危険性を認める国際的潮流に逆行するものだ。1992年にリオデジャネイロで開かれた地球サミットで、富裕国は温室効果ガスの排出量を1990年の水準に抑えるという合意にすでに達していた。それらの国々は規制による経済成長率低下の影響に耐え得ると見られており、また、その時点でなされていた多量の排出に対する責任を有してもいたからだ。1997年には京都議定書により、この合意を基に、法的拘束力を持つ数値目標が掲げられる。この時、アメリカは7パーセント、日本は6パーセント、EUは8パーセントの削減を受け入れた。

ところが、2001年になると、人為的原因による温室効果ガスの最大の排出国であるアメリカが議定書の批准を見送り、追って中国も批准を取りやめた。2007年のG8サミットでは、2050年までに各国が排出量を50パーセント削減することを目指そうとしたが、アメリカ、中国、日本の要請により、目標実現のための拘束力ある措置は定められなかったのである。

なぜアメリカは温室効果ガス削減の数値目標を受け入れないのだろう？ ビル・クリントンは大統領だった当時から、それほどの規模の削減はアメリカ経済の発展に悪影響を及ぼすと考え、この問題から距離を置いていた。その後さらにブッシュ大統領が、人為的排出の割合が科学的に証明されていないという論拠をつけ加えた。

そのような姿勢は、アメリカがあらゆる外的規制に対して伝統的に抱いてきた警戒と同種のものだ。また、アメリカが自国の技術の優位性を疑わず、技術の進歩が常に（政治問題も含めて）あらゆる問題を解決してくれるという信念を有していることの表れだとも言える。

その考え方に従えば、市場の力と、この将来性ある分野で高まりつつある経済的な魅力さえあれば、地球温暖化現象を阻止しようとする動きは勢いづくだろうと考えることもできる。だが、**規制ではなく市場の力が難問を解決すると考えるのは、地球温暖化問題の重大さを見くびることになる。**

実際、そうした市場原理の考え方が原因で、富裕国とそれ以外の国、必要な技術を開発できる国とできない国との間に早くも不平等が生じている。

また、地球温暖化と闘うためには個人だけでなく企業も振る舞いを改めることがまず必要であること、そして、行動を促すのに必要な権限と正当性を行使できるのは国家だけであることが、ここでは考慮されていない。規制（二酸化炭素排出量割り当ての実施）、拘束力のある基準、課税（汚染者負担原則、炭素税）、助成金（有望な技術の競争が激化しないうちに財政か規制により支援する）に関しても、あるいは研究開発の方向性に関しても、**国家と、国家に対して拘束力を持つ国際的規制が果たす役割が、目標達成のためには不可欠なのである。**

その後２０１４年になって、中国とアメリカは温室効果ガスの排出を将来的に削減することで合意した。地球温暖化が自国の成長にとってマイナスになり得ることをようやく認識したからである。さらに、２０１５年にパリで開かれた国連気候変動枠組条約第21回締約国会議（COP21）では、参加国が初めて拘束力ある合意に達した。１９６カ国が、２０５０年までに気温の上昇を摂氏１・５度未満に抑えるという目標を決めたのだ。それでは不十分だという意見もあり、普遍的な目標ではないかもしれないが、それが共通の目標であることは確かだ。

ただ、全世界の足並みが揃っているとは言いがたい。たとえば、ドナルド・トランプは当選するやいなや、アメリカの経済的利益に反するとしてこの合意に反対した。

Lecture 17

スポーツの世界大会には明らかに戦略的・地政学的影響力がある

よくある思い込み

サッカーワールドカップとオリンピックは、政治的な駆け引きとは無縁のスポーツの祭典だ。

4年に1度開かれるサッカーワールドカップとオリンピックは、最も盛んに報道される世界的なスポーツの催しだ。ワールドカップでは、厳しい予選を勝ち抜いた32カ国が世界中で絶大な人気を誇るスポーツの決戦に臨み、オリンピックでは、あらゆる国が送り出した選手が多種多様な種目で競い合う。サポーターと観衆は、繰り広げられる熱戦に沸き、快挙の数々に感動する。テレビのおかげで、世界中どこにいても観戦ができる。どちらも、地球上で最大の知名度と人気を誇る大会だ。

ただし、この2つの大会を単なるスポーツの競い合いだと言うことはできない。その戦略的・地政学的影響力がますます明らかになっているからだ。**今日、グローバリゼーションによって消えつつある国民のアイデンティティを再確認させてくれるのが、スポーツ大会なのだ。**サッカーのナショナルチームへの応援は、社会、民族、宗教、文化の溝を越え、国民のアイデンティティの形成を促す。試合をテレビ中継すれば、ナショナルチームに声援を送ることで、国民が一致団結できる。

オリンピックでは選手1人ひとりが勝利を目指し、国の強さはメダルの数で決まる。**まさに「ソフトパワー」が全開となる。**冷戦期には東西の競争がオリンピックにまで及び、両陣営が表彰台の数で優越性を示そうと躍起になった。**今でも、どの国もチャンピオンを生むことで注目と敬意と共感を得たいと望んでいる。**金メダリストは、世界の隅々まで名声をとどろかせ賞賛を受ける、真の国際的スターだ。古い国家であれ、独立して間もない国家であれ、スポーツ競技の代表選手は、国連大使よりもはるかに高い知名度と求心力を持つ。また、国際サッカー連盟（ＦＩＦＡ）や国際オリンピック委員会（ＩＯＣ）への加盟は、国際機関への加盟と同じくらい重要視されている。

熱戦は、大会の開催地決定をめぐっても繰り広げられる。経済面での影響は比較的限られているが、重要なのは国の威信だ。競技はメディアで盛んに報じられ、開催国は大会期間中、世界の中心となる。２００９年10月のＩＯＣ総会で、２０１６年大会の最終選考に残った4都市のために、それぞれの国の国家元首や政府の代表がプレゼンテーションをしたのも、当然のことだった。

東京、マドリード、シカゴ、リオデジャネイロという4候補地が提出した計画の評価はほぼ同等だったが、地政学的な観点から、ブラジルの都市が選ばれた。**ＩＯＣが初めて新興国での開催を決めたのは、歴史の流れに沿う――あるいは歴史を作る――姿勢を見せるためだ。**折しも同じ年、Ｇ20がＧ８に取って代わった。ブラジルは２０１４年から政治的・経済的危機に見舞われたものの、その危機が国際社会でのブラジルの存在感を長期的に損なうことはなかった。

南アフリカは２０１０年6月、サッカーワールドカップの開催国となった。

アフリカで主要な大会が開かれたのは初めてのことで、ネルソン・マンデラの個人的な働きかけが開催地選定の決定的要因となった。この国にワールドカップを開催する力があるか危ぶむ評者も少なくなかったものの、大会は成功した。

同様に、中国は２００８年のオリンピックを開催したことで、大国としての地位を確かなものとしている。２０３０年のサッカーワールドカップは、中国で開催されるかもしれない。

サッカーワールドカップの開催地として２０１８年はロシア、２０２２年はカタールが選ばれて物議を醸したが、**ＦＩＦＡはこの世界最高峰の大会をこれまで開催されていない国で行なうことで、サッカーの普及がさらに進むことを期待しているのだ。**実際、アラブ圏のイスラム教国がスポーツの主要な世界大会を開催するのはカタールで初めてとなる。ちなみに２０２０年のオリンピックではイスタンブールが選に漏れ、東京で開かれることになった。

パリは２度続けて落選した末に、２０２４年のオリンピック開催都市に選ばれた。中国も遠からずサッカーワールドカップ開催国となるだろう。

世界を動かす力

qui dirige le monde

陰謀論よりも各国の影響戦略こそ警戒すべきである

Lecture 18

よくある思い込み

フリーメイソン、ユダヤ人、CIA、ビルダーバーグ会議（訳注：主に欧米の有力政治家、企業の代表、欧州の王族や貴族などが国際問題について討議する非公式の会議）、アメリカ合衆国、秘密結社、多国籍企業……。そうした集団が陰で世界を動かし、国家と政府の指導者たちを「単なる」手先として操っているとして、よく槍玉に挙げられる。

国際問題についての決定がどのように下されるのかは、容易に理解することはできない。だから、特定の集団が関与したと考えたくなる。単純明快な答えを与えてくれる説明は耳に心地よいだろう。それに、全体の利益が期待どおりに確保されない場合があるため、特に利益を得ている集団が黒幕だと考えたくもなる。グローバリゼーションのせいで、権力はより遠く、特定が難しく、理解しにくいものとなったのだ。

しかし、そのような説明は的外れだ。**世界はあまりに多様化し、国際的プレイヤーがあまりに増えたため、ある1つの集団がどれほど組織化されて強い力を持つにしても、世界全体に自らの意見を押しつけることなどとてもできない。**超大国アメリカでさえ、そこまでには至っていない。国際的な事象はすべて、多数の要因が影響した結果なのである。

それでは、先に述べたような集団がことさら非難されるのは、なぜだろう？　アメリカの場合はひとえに、世界に並ぶものがないほど強大だからだ。フリーメイソンは長年、秘密結社として迫害されながらも、自らの思想のためにある程度の影響力を行使し、結束を誇っているからだろう。しかし、**彼らが世界の舵取りをしているという思い込みは、純然たる空想の産物である。**

他にもビルダーバーグ会議や三極委員会（訳注：日米欧の企業、大学、政界の指導者からなる民間の政策協議グループ）も、影響力のある人々が集い、自由な議論は非公開性の上に成り立つという「チャタムハウス・ルール」（訳注：イギリスのシンクタンクである王立国際問題研究所が取り決めた規則）を原則とするせいで、陰謀の疑いをかけられがちだ。また、ＣＩＡはその性格上、活動を公にしない。

たしかにそうした場にはさまざまな立場で重責を負う人々が集うが、そこで決定が下されるわけではない。イスラエルは人口規模の割には地政学的に重要な国だが、よく「ユダヤ人が世界を牛耳っている」と言われるのは、昔ながらの反ユダヤ主義のせいだ（そもそも「ユダヤ人が」と言うと、ユダヤ人全員が同じ考えであることになってしまう）。19世紀末には、ロシア皇帝の秘密警察が『シオン賢者の議定書』という偽書を捏造し、ユダヤ人が世界征服を狙う地球規模の陰謀があるかのように見せたこともあった。

もし陰謀が世界を動かしているとすれば、自由と透明性、進歩、人権を求める闘いには勝ち目がないことになるため、陰謀論はそうした運動の盛り上がりに水を差すことになる。また、そうした運動を理解しようとしないことの言い訳になるばかりか、そもそも自由や人権を求めようとしていないことをも意味してしまう。

だが、**陰謀論を糾弾するあまり、影響戦略の存在を否定すべきではない。**ＣＩＡの工作により、１９５３年にはイランのモサッデグ政権が、１９７３年にはチリのサルバドール・アジェンデ政権が転覆されたのは紛れもない事実だ。三極委員会やビルダーバーグ会議は、経済的自由主義を推進するべく活動している。アメリカは世論を味方につけるための影響戦略をせっせと実行し、他の国々もそれぞれの方法で同じことをしている。**陰謀論を鵜呑みにしないほうがいいが、そうした影響戦略に鈍感になってもいけない。**陰謀論を退けるあまり、それと対極にある同じくらい危険な状態、すなわち批判精神の欠如に陥っては、元も子もないからだ。

補足しておくと、国家の嘘も、「陰謀論」が幅を利かせる原因となる。公式発表の信用性を失わせるからだ。２００３年のイラク戦争開戦前に、イラクの大量破壊兵器の存在についてジョージ・Ｗ・ブッシュがついた嘘がその典型である。

Lecture 19

巨大多国籍企業でも公共政策にまでは関与できない

よくある思い込み

グローバリゼーションによって、多国籍企業の役割と力が増している。一部の多国籍企業の売上高は、多くの国家の国内総生産を超えるほどだ。今日、多国籍企業はしばしば隠然と、重大な決定にきわめて大きな影響力を及ぼしている。

多国籍企業が規模を拡大していること自体は否定できないだろう。金融・経済界で重要な地位を占めて大きな役割を果たし、ときには国家とさえ競い合う。これまで明らかになった中で最も驚くべき例は、1973年にチリのサルバドール・アジェンデ大統領を失脚させた流血の軍事クーデタに、アメリカの企業ITT（訳注：国際電話・電信会社）が関与していたことだ。

石油会社をはじめとする多国籍企業は、次のような理由でよく糾弾される。第三世界を搾取している、文化の画一化に加担している（コカ・コーラ、マクドナルドなど）、途上国の従業員を低賃金で働かせている（メキシコ国内にあるアメリカのマキラドーラ〔保税加工区〕）、児童労働で儲けている、環境を保護しない、地元住民の生命を危険にさらしている（1984年にインドのボパールで起きたユニオンカーバイド社の化学工場の事故は数千人の死者を出し、2013年に倒壊したバングラデシュのラナ・プラザは1100人以上の命を奪った）、政府を転覆させるための政治工作を行なう、独裁政権を支持する……。

要するに、**企業の論理を民主国家の政府にまで押しつけている**ということだ。そしてそれでいて、どの企業も、従業員に他社の社員以上の権利や特典を与えようとはしない、とも。

また、グーグル、アマゾン、フェイスブック、アップルの頭文字をとってGAFAとも呼ばれる巨大IT企業群は、財界における重要性と最先端の情報技術により、絶大な力を有している。統合や合併が進んだ結果、多国籍企業のなかには各業界で支配的地位に上り詰めたものもある。そうした企業は発祥国からますます離れ、国境の制約をなくそうとする。事業の採算が最もとれる場所に進出し、収益性を金科玉条として費用／機会の論理に従う。そのため、地元住民の福利など気にかけはしない。

　しかしながら、**教育、健康、インフラ、税制や投資に関する法の枠組みなどの公共政策の決定権を握るのは、いまだに国家だ。**それに、多国籍企業の切り札である知名度は、弱みに転じるおそれもある。企業は、目先の利益のためだけでなく、市民と消費者に良いイメージを与え続けなくてはいけないのだ。もしも製品の不買運動が起これば、たいへんな苦境に陥るだろう。そのため、あらゆる生産工程に社会、環境、倫理に関する基準を設ける「企業の社会的責任（CSR）」制度に従う多国籍企業が日に日に増えている。企業はそうして、環境と社会にとって正しいことをしているというイメージを作り上げながら、係争では相手の裏をかき、新たな市場を開拓していくのである。

Lecture 20

メディアは世論を誘導できないし、むしろ縛られている

よくある思い込み

メディアは人々に情報を提供する。したがって、自らに都合のいい情報を選んで世論を誘導できる。「マスメディア」、ことにテレビの登場により、世論はいとも簡単に一新されるようになった。

「マスメディア（mass media）」という語は、「一」から「多数」へ向けた、一方向の（読者や視聴者とのやり取りをしない）情報伝達を担うことを意味する。テレビはその最たる例だ。

権力が世論を誘導するために常にメディアを支配しようとしてきたのは事実だ。メディアが権力の手に落ちると、流される情報はたちまちプロパガンダと化し、政治的宣伝が自発的に行なわれたり、編集によってさりげなく織り込まれたりするようになる（最悪の検閲は自己検閲である）。とは言え、今日、多くの国

20 メディアは世論を誘導できないし、むしろ縛られている

では、メディアは国家の支配を免れている。

だが、メディアの独立性という問題は、民営化ではとても解決できない。実際、民間企業、寡頭政治家、多国籍企業が所有するメディアは、公共の情報を流すことだけが目的ではないことがままある。政党や活動団体に属するメディアには、少なくとも自らの意見を表明できるという長所があるが、それすらままならないのだ。

とは言え、**メディアが世論を完全に一新することは不可能だ。**独裁体制の国では、表現の自由がまったくないにしても、公共メディアの報道が真実でないことを国民全員が知っている。そのせいで、たとえ真実が報道されていたとしても、読んだこと、見たこと、聞いたことを信じまいとする傾向が強い。独裁ではない政治体制でも、メディアは競争のシステムに組み込まれ、読者や視聴者が受容できる範囲からあまりにもかけ離れると、そっぽを向かれてしまう。現代社会では、**メディアは、自らが影響を及ぼすはずの世論の動向に縛られ、影響されてもいると言えるだろう。**

1990年代、アメリカのテレビ局CNNが国連安全保障理事会の6つ目の常任理事国であるかのように扱われたことがある。紛争がCNNに撮影された場合のみ、国連が部隊を派遣したからだ（通常、戦時には世論が分かれて論戦が激化するものだ）。しかし、かつてCNNが享受していたような国際情報の独占状態は、他のネットワークの出現によって揺らいでいる。「アラブのCNN」とも称されるカタールのテレビ局アルジャジーラもその1つだ。

あるいは、フランスでは2005年の国民投票の際、EU憲法条約に賛成すべきだとほぼすべてのメディアが主張したものの、開票結果は反対多数だった。このことも、メディアが世論を誘導できていない証拠である。

インターネットと先端技術のおかげで、既存メディアへの反対勢力が各地で生まれている。インターネット上の情報源の多様化や、ブログやフォーラムの開設により、情報は一方通行でもなければ「一」から「多数」へ伝えられるのでもなく、「多数」から「多数」へ伝えられるようになった。とは言え、報道のプロでない人物が広めた情報の質には注意が必要だ。偽の情報を発信して密かに情報を操作する企てを警戒すべきなのは言うまでもない。

実際、ベンアリ（訳注：元チュニジア大統領［在任１９８７〜２０１１年］）やムバラク（訳注：元エジプト大統領［在任１９８１〜２０１１年］）はほぼ全面的に国内メディアを統制したにもかかわらず、失脚を免れなかった。国民が唯一の情報源に囚われなくなったからだ。

ソーシャルネットワークは重要な情報源であり、メディアに対する批判的意見を知るためにも欠かせない手段であることも明らかになっている。つまり、**メディアと世論は今、（対立しながらお互いを高い次元へ導く）弁証法的関係により影響を与え合っているのだ。**

たとえばドナルド・トランプは自身に向けられたメディアの敵意をうまく利用し、アメリカの有権者の心をつかんだ。逆に、フランス大統領選では、メディアのおおむね好意的な報道がエマニュエル・マクロンの当選を後押しした。

先端的な情報・通信技術の時代である今日、政府が情報を独占することはなくなった。情報を上から下へ垂直方向に、受け手とやり取りせずに伝えることがマスメディアの特性だったが、そのような情報伝達はもう行なわれない。人々は情報の受信者であると同時に発信者でもあり、メディアにより拡散された情報についても直接意見を表明することができる。**今日のメディアは、読者や視聴者にある程度支配されながら機能している。**ただし、人は自分の意見を認めてくれるメディアになびきがちでもあることも付け加えておく。

Lecture 21

「オバマがアメリカを弱くした」という批判は見当違いである

よくある思い込み

イスラム国の誕生、（シリア大統領の）バッシャール・アル＝アサドに対する無力、中国の台頭、ロシアによるクリミア併合、中近東の和平を実現できなかったこと。バラク・オバマは、外交政策で対応力に欠け、弱腰だったため、アメリカのリーダーシップを弱めたのではないかと批判されている。

バラク・オバマは、自分が当選したのは新たな戦争の火蓋を切るためではなく、ジョージ・W・ブッシュがアメリカを巻き込んで始めた無謀な戦争を終わらせるためだと考えていた。彼が何より優先したのは、アフガニスタンとイラクからアメリカ軍を整然と撤退させることだった。ところが、イラクとシリアの領土内にイスラム国が誕生したため、共和党からは「ブッシュは戦争に勝ったのに、オバマがイラクを失った」などと言われるようになる。この言葉は不当だ。なぜなら、この地域の惨状の元凶は、そもそもアメリカが2003年（訳注：ジョージ・W・ブッシュ時代）に始めた戦争だからだ。

シリアに関しては、オバマが自ら引いた「レッドライン（越えてはならない一線＝化学兵器使用）」を守らせることに失敗したという非難は可能かもしれない。オバマは、アサド政権が化学兵器を使用すればアメリカが介入すると示唆していたにもかかわらず、2013年8月に使用が確認された際、何の手も打たなかったからだ。しかしながら、この無為の埋め合わせをしたのが、シリアの化学兵器廃棄に関し、ロシアの協力を得て同意に至ったことである。

シリア内戦で露呈したのは、アメリカだけでなく国際社会全体の無力さだった。ロシアがバッシャール・アル＝アサドの側に与していたにせよ、バラク・オバマも、西側諸国も、湾岸諸国も、大規模な紛争に巻き込まれることは望まなかった。どの国もイラクの失敗例を忘れていないし、欧米による軍事介入がこの地域に引き起こしかねない数々の問題が念頭にあるからだ。

オバマは2009年に受賞したノーベル平和賞に価しないという批判もある。彼はイスラエル・パレスチナ間の和平交渉を進展させられなかった。イスラエルの入植停止を求めたあと、手をこまねいて入植の継続を傍観していただけであり、アメリカ連邦議会の大きな支持がイスラエルのベンヤミン・ネタニヤフ首相を利することになったのだ、と。

一方で、バラク・オバマは、ビン・ラディンを倒したときの大統領でもある。アメリカが告発したテロ容疑者たちをパキスタンとイエメンで掃討するため、おびただしい数のドローンを利用した。また、2015年7月14日のイラン核合意により、36年の不和ののち、同国と歴史的和解を成し遂げた。さらに、1960年代初頭以来断絶していたキューバとの国交も回復させた。

両国との歩み寄りは、アメリカの右派からは独裁体制に対する譲歩と批判されてもいる。しかしながら結局、ジョージ・W・ブッシュが大統領を2期務めたあと惨憺たる状況となっていた世界で、アメリカのイメージを大きく改善することになったことは確かである。

21 「オバマがアメリカを弱くした」という批判は見当違いである

よく言われる**アメリカの「相対的衰退」は、アメリカの振る舞いそのものよりも、他の新興国が台頭した結果である。オバマは、構造的な変化を加速させたのではなく、減速させたのだ。**そして、アメリカの独自性は保ちつつ、前任者よりも「多国間的」アプローチをとった。

オバマの哲学を要約すれば、「アメリカは単独では世界の諸問題を解決できないが、アメリカなしでは世界の大きな問題を何一つ解決できない」となる。また、軍事介入はアメリカのリーダーシップの唯一の要素でもなければ主要な要素でもないと、彼は明言している。それでも、ロシアと中国の軍事増強計画にもかかわらず、この領域では、アメリカは相変わらず他の追随を許さない。

失業率は２０１５年に労働力人口の５・５パーセントというきわめて低い率にまで下がった。国民の収入格差は深刻なままであるものの、アメリカ経済は２００８年の大不況から脱している。

また、オバマの任期中に起きたシェールガス革命のおかげで、アメリカは失っていたエネルギー自給体制を取り戻した。ジョージ・W・ブッシュとは逆に、バラク・オバマは地球温暖化との闘いにも参加した。

オバマの任期が終わる頃も、アメリカの強さの源は相変わらず健在だった。依然として国民総生産では世界第1位で、ドルは基軸通貨だった。アメリカの企業は常に最強で、多くの分野、ことに先端技術で主要な位置を占めていた（GAFAの4社だけを見ても、世界を席巻している）。アメリカは常に世界中のエリートを強く引きつけ、目覚ましい統合力を発揮し続け、大衆文化（映画、音楽など）では圧倒的に世界一の座にある。アメリカ合衆国は、その社会もライフスタイルも、大勢の人々の憧れの的だ。その意味で、アメリカはいまだに求心力と影響力、いわゆる「ソフトパワー」を発揮し続けている。

バラク・オバマ自身は、グローバル化した世界におけるアメリカの行動の限界を認識していた。だが、アメリカ人のなかには、一極世界とアメリカの「自明の運命（訳注：アメリカが拡大するのは運命であるとし、開拓や帝国主義を正当化する説）」の神話を信じ続け、この重大な変化に気づいていない人々が少なくないのだ。

Lecture 22

ドナルド・トランプこそがアメリカを弱体化させている

よくある思い込み

2016年のアメリカ大統領選挙運動中、共和党候補ドナルド・トランプは「Make America great again（アメリカを再び偉大に）」をスローガンとし、アメリカの経済と戦略に活力を取り戻したいという野心をあらわにした。

ドナルド・トランプは、前任者バラク・オバマが2期にわたる任期中にアメリカを弱体化させたと非難した。数々の外交問題でアメリカが後退したとし、競合・敵対する他の大国に毅然と対応しなかったことが遺憾だとしている。トランプの主張によれば、アメリカは再び世界のリーダーになれるし、ならなくてはいけない。多国間の調整を重視することも、アメリカの国益に反する国際問題への関与も、一切無用だというのだ。

22 ドナルド・トランプこそがアメリカを弱体化させている

トランプの振る舞いはバラク・オバマのそれとはまったく違うものの、根底には同じ認識がある。つまり、もはやアメリカだけで国際問題への取り組みや世界の舵取りをしているのではないという認識だ。しかし、その認識から、オバマが多国間主義路線で世界とさらに関わっていくべきだと結論したのに対し、トランプは逆に、強硬かつ奔放な単独行動主義への回帰をもくろんでいる。

問題は、意欲さえあればそれができるというわけではないことだ。**ドナルド・トランプが好むと好まざるとにかかわらず、西洋、ことにアメリカが力を独占する時代はもう終わった。その時代がまだ続いているかのように振る舞うのは不可能だし、危険でさえある。**

当選後のトランプの外交政策は、予測不能という印象を与える。NATOからも日本と韓国との同盟からも距離を置く、ロシアと歩み寄る、といった選挙期間中の公約の数々を、彼は当選後に見直した。中国からアメリカへの輸入品に対する45パーセント程度の課税も、断念した。アメリカ経済の競争力を削いでマイナスの影響を与えかねないと考えたからだ。

メキシコ国境の壁の建設と、イスラム教徒のアメリカへの入国制限に関しては、トランプ大統領は考えを曲げていない。彼がグローバリゼーションを批判するいっぽうで、意外にも中国の習近平国家主席がそれに対抗し、２０１７年のダボス会議でグローバリゼーションを擁護した。アメリカと北朝鮮の挑発合戦や、イランとサウジアラビアの対立では、トランプが火に油を注いだと見られている。すでに巨額だったアメリカの軍事費（年額約６０００億ドル）を、トランプは10パーセント増大させた。彼が地球温暖化に関するパリ協定から離脱したことで、アメリカは世界の中で孤立している。この大統領の政治は予測不能で危険だと、最も近しい同盟国からも見られている。

アメリカ経済は（オバマ政権時代にすでに始まっていた）世界的な経済の回復のおかげで好調だとしても、**トランプ大統領の挑発的手法と豹変ぶりによって、アメリカのイメージと信頼性は損なわれている。**そのせいで、彼が任期を終えるときには、当選時よりもアメリカの力が弱まっているおそれが大きいのである。

Lecture 23

プーチンが世界に及ぼす影響力は限定的である

よくある
思い込み

2016年12月、『フォーブス』誌はロシアのウラジーミル・プーチン大統領を「世界で最も影響力のある人物」と認定した。それによって、彼が強い力を持つこと、アメリカおよび西側諸国の最大の競争相手であることが明確になった。

ウラジーミル・プーチンは強権によってロシアを率いている。ロシア人は、エリツィン政権下の戦略的・経済的衰退をプーチンが終わらせてくれたと感謝している。プーチン大統領が就任以来、ことに石油とガスの価格上昇を背景に、ロシアの威光と国民の購買力を回復させてきたからだ。

プーチンは確かに外交の舞台で存在感を高めている。クリミア併合を受けて欧米諸国が制裁に踏み切った際は窮地に立ったと思われたものの、制裁によってロシア国民の愛国心がかき立てられたことでプーチンの人気が高まり、結局は彼が直接的に得をする結果になった。その後プーチンはウクライナ東部ドンバス地方の分離主義勢力を利用して、ウクライナに対して巧みに圧力をかけ続けている。ウクライナ国内政治の腐敗が容易に一掃できないことも、彼に有利に働いている。

シリアでは、プーチンの盟友バッシャール・アル＝アサドが権力者としての力量を欠くと見られながらも、依然として政権の座にとどまり、国土のうち肥沃な地域のかなりの部分を支配している。全土を奪回するのは難しいかもしれないが、政府軍は２０１６年末に最大の都市アレッポを奪還した。

ロシアは拒否権を行使して国連安全保障理事会の決議を妨げ、アサド政権を擁護している。ロシアに対して制裁を発動したのは欧米諸国だけで、それ以外の国々との関係には何の支障もない。

だが、**ウラジーミル・プーチンは明らかに大きな力を持っているものの、真の**

「超大国」のトップではない。NATO幹部が絶えずあげつらうロシアの軍事費は、アメリカ一国の軍事費の10パーセントに過ぎないからだ。また、シリアは将来、ロシアの重荷になるおそれがある。ほぼ壊滅状態で、ほとんどゼロからの再建が必要だからだ。しかし、ロシア政府にそれだけの力はない。

ウラジーミル・プーチンは持てる切り札を最大限に利用しているが、ことに経済面では、ロシアの力はアメリカや中国に比べれば明らかに見劣りする。また、ロシアは警戒しながらも中国に大きく接近しているが、中国政府とロシア政府の力関係では、ロシアがかなり劣勢だ。国内総生産では、ロシアに比べてアメリカは12倍、中国は7倍である。また軍事費について言えば、ロシアはフランスとドイツの軍事費を合計した額よりは低くなっている。

プーチンは優れた戦略家で、自らの強みを存分に活かしている。だが、他の大国に太刀打ちできるほどの強みではなさそうだ。

Lecture 24

中国が世界を支配する可能性は限られている

よくある
思い込み

中国はこの30年近く、年7~10パーセントの着実な成長を続け、国内総生産で世界第2位の座にある。その勢いは止められない。1世代後にはアメリカを追い抜きそうだ。政治体制の性質からすれば、他国を服従させて世界を支配しようとするだろう。

15世紀初頭に中国の武将、鄭和《ていわ》が率いた明の艦隊は、艦船と水兵の数でも世界一で、遠洋航海を可能にする技術の先進性（船尾骨材につけた舵、羅針盤、海図など）でも世界最強だった。艦隊は世界を巡ってアフリカ沿岸に達し、さらに遠方まで航海した可能性もある。

しかし、この探検航海は植民地の征服にはつながらなかった。明帝国の政策転換によって中国は内向きになり、艦隊も、艦船の図面も廃棄された。2世代

24　中国が世界を支配する可能性は限られている

ののち、スペイン人とポルトガル人が大海に漕ぎ出し、それがヨーロッパによる世界支配のさきがけとなった。

中国人はこの史実を、自らの征服欲のなさを示すエピソードとして利用する。そして、中国は「平和的台頭」をしているとよく言う。彼らの言い分によれば、中国の指導者は19世紀の不平等条約によりヨーロッパ列強に分割された国内を再び統一しようとしているだけで、香港とマカオの返還後、領土に関して望むのは台湾の再統一だけだという。経済的観点からも同様で、中国は19世紀の地位を取り戻しつつあるだけで、当時の世界はまだグローバル化されてはいなかったとは言え、中国だけで世界経済の30パーセントを占めていたのだという。

こうした中国の意図はさておき、**客観的な要素から見ても、中国が世界を支配する可能性は限られているようだ。**まず、これほど力強い経済成長曲線を維持するのは難しい。中国は最終的に１９８０年代末の日本のような状況に至るのではないだろうか？　日本の成長はとどまるところを知らないように見えたものの、結局、投機バブルが弾けたことにより、深刻な打撃を受けた。多くのエコノミストが見るところ、中国は今日、同様のバブルが弾ける危険にさらされている。

豊かな地方と貧しい地方の格差を問題視するエコノミストもいる。沿岸の豊かな地方は、困窮した地方を支えて国の連帯を保つための負担をいつまでも強いられることを望まず、それが国の統一に影を落としかねないというのだ。それに、中国は今後も、政治的・社会的権利を求める国民の声を無視し続けられるだろうか？　中国共産党は市場経済を取り入れながら、今後も権力を完全に独占し続けることができるだろうか？　中国は人口の高齢化と、そこから生じる社会的経費に、どう対処していくのだろうか？　環境汚染との闘いというとてつもない難問に、どう立ち向かうのだろうか？

このところ中国の経済成長率は年6〜7パーセントの間を行き来しているものの、そうした多くの不確定要素により、中国が世界を支配するという説は説得力を失っている。**そもそも、どれほど国土が広く人口が多いとしても、1つの国が単独で世界を支配できるかどうか、まず考えるべきだ。**

確かに、今現在中国は、周辺地域において大きな存在感を有している（東シナ海と南シナ海に中国が示す野心に、沿岸の国々は神経をとがらせている）うえに、今後国際舞台でも存在感を増していくだろう。なぜなら中国は、国連安全保障理事会の常任理事国であり、２００１年から世界貿易機関に加盟し、Ｇ８に代わってＧ20が創設されると、ただちにそのメンバーとなったからだ。さらに、アジアインフラ投資銀行（ＡＩＩＢ）も自ら主導して創設した。目的は、世界銀行に匹敵する資本を保有し、国際通貨基金（ＩＭＦ）、世界銀行と競合することである。あるいはまた、野心的な「新シルクロード（一帯一路）」構想という、世界的規模でインフラを整備する壮大な計画にも取り組んでいる。中国は他の大陸（アフリカなど）でも経済・外交面できわめて積極的に活動している。しかしそれでも、全権を握るほどではないことは認識しておくべきだ。

Lecture 25

ヨーロッパにおける各国間の連携は改善に向かっている

よくある
思い込み

ヨーロッパは経済の巨人だが、戦略では子どもだ。国際舞台で、ヨーロッパは「グローバル・プレイヤー」ではなく「グローバル・ペイヤー（支払人）」の地位に甘んじている。

たしかにヨーロッパは戦略面でアメリカのように強くない。軍事力でも劣る。そのうえ、いくつかの本質的問題をめぐっていまだに分裂している。2003年のイラク戦争をめぐる賛成派と反対派の対立や、パレスチナの承認に関する相違などだ。EUの新顔である元ワルシャワ条約加盟国は、ロシアや難民、イスラム教に対して、他の加盟国よりも強い警戒感を抱く。EUの全加盟国が国際舞台での活躍を目指すわけではないし、その力量がない国もある。

ドイツ再統一後、マーストリヒト条約によって欧州連合（EU）が創設され、

25 ヨーロッパにおける各国間の連携は改善に向かっている

外交と安全保障に関して共通の政策を打ち立てることが期待された。だが、その期待は、バルカン半島で相次いだ紛争を前に打ち砕かれる。結局、安全保障はNATOに頼ることになり、アメリカから離れ過ぎるのは無益であるばかりか危険だと、ヨーロッパの多くの国が考えるようになった。

もしヨーロッパ諸国がドルを通貨としていれば、ユーロは生まれなかったと考える人もいる。ドルは安全保障におけるNATOと同じ役割を果たしているのだから、それに対抗する通貨は必要ないというのだ。それでも、NATO内でヨーロッパが連携を強めるという方針は変わらない。

EU設立を主導したフランスは「強いヨーロッパ」という概念をヨーロッパ諸国に広められなかったが、情勢は変わっていく。軍事力は重要だが、戦略面のあらゆる問題を解決できるわけではないことが、アフガニスタンとイラクの失敗から明らかになってきたのだ。

今日、ヨーロッパ内では複数の事柄について意見が対立しているが、かつてはそれがむしろ普通のことだった。それでも、地球温暖化対策、開発援助、感染症の世界的大流行への対策など、最重要課題については、ヨーロッパは共通の立場を確認できている。欧州理事会の組織を改革して議長職を輪番から（任期2年半の）固定制にし、EUの共通外交を率いる外務・安全保障政策上級代表を設置したことで、ヨーロッパの連携は改善に向かっている。ただし、28カ国（あるいは27カ国）が共通の立場に立つのはやはり難しい。今後、ヨーロッパ統合のスピードにばらつきが出て、一部で統合がより速く進むこともあり得る。

ヨーロッパは紛争の阻止に関して重要な役割を果たしている。２０１５年2月には、フランスとドイツが手を携えて、ロシアとウクライナに停戦協定案（ミンスク合意）を採択させることに成功した。ヨーロッパは無視できないソフトパワーを持つ。平和的勢力とみなされており、憲法を持つ政治的集合体EUは、地域内の他の組織よりも強く結びついている。**ヨーロッパに特に根づいている多国間主義は、今日の世界でますます必要とされている。**

現在のヨーロッパの諸問題は、何よりも経済の減速に関係する。とは言え、世界に占める割合が人口で6パーセント、国内総生産で22パーセント、社会支出で50パーセントに上るヨーロッパの魅力は、今も色あせていない。

Lecture 26

ヨーロッパは「ドイツの独擅場」ではない

よくある思い込み

人口と経済の優位性を武器に、ドイツはEUの主導権を握り、他のEU諸国に自らの意思を押しつけている。今日、私たちの目の前で「ドイツのヨーロッパ」が誕生しつつあり、「ヨーロッパのドイツ」ではなくなりつつある。メルケル首相はまさにEUのリーダーである。

ドイツ経済の健全さは、EU諸国中でも群を抜いている。ドイツは人口8000万人（ヨーロッパ第1位）、国内総生産3兆3560億ドル（同）で、国内総生産はユーロ圏のおよそ30パーセント、失業率は5パーセント（EU平均は人口の10パーセント）、貿易黒字が優に2000億ユーロを超える。欧州理事会議長（ドナルド・トゥスク）、欧州委員会委員長（ジャン＝クロード・ユンケル）は、いずれもドイツ政府に近い人物だ。

つまり、ドイツは再統一を見事に乗り切ったのだ。ドイツ人の84パーセントが、自国を政治面でも経済面でもヨーロッパの首位にあると考え、その割合は以前よりも増えている。

多数の堅実な中小企業が産業構造のかなりの部分を構成し、輸出市場でも重要な地位を占めるドイツは、２００８年の経済危機以後、国内需要低下の影響をユーロ圏の他の国々ほど被らなかった。緊縮財政と産業の強さのおかげで、例外的に経済が好調な国である。

それでも、ドイツにも貧困地帯はあり、所得の不平等ではＯＥＣＤ諸国中、第13位だ。また、債務問題の処理に関しては、ドイツが傲慢になり、ことに南ヨーロッパの国々に強硬策を強いて社会に深刻な影響を及ぼしたと見る向きもある。その結果、南欧の国々、ことにギリシャでドイツへの嫌悪感が生じ、第二次世界大戦の記憶を蒸し返す人々や、それが高じてメルケルをヒトラーになぞらえる人々さえ出てきた。彼らに言わせれば、ドイツはエゴイストで偉ぶっている。自分の正しさを疑わず、長期的赤字の補填を拒んで、他の国々に予算・

経済面での規律ある政策を求めるばかりだというのだ。

イギリスのＥＵ離脱も、ドイツに有利に働くと言われている。イギリスはユーロ圏に入っていないし、戦略面では２００３年のイラク戦争の失敗をまだ引きずっているからだ。しかし、予定されているイギリスの離脱により、ドイツはＥＵ内のリベラルな同盟国を失うことにもなる。

あるいは、フランスが経済的問題を抱えているせいで、ドイツは主要なパートナーである同国との間に比較的有利な力関係を築くことができたとも言われる。**それでも、ドイツ側はあまり傲慢に見えないよう心を砕いているし、イメージダウンが政治面のみならず経済面でも危険であることをわきまえている。**１００万人前後の難民の受け入れがドイツの人口動態にとってカンフル剤になるにしても、出生率の低さ（女性１人が生む子供の数は１・４人、対するフランスは２・１人）は将来の弱点となるだろう。アンゲラ・メルケルは難民の受け入れで寛大さを見せたものの――ドイツは難民を必要としているのだ――この問題に一方的に対処したことで、他のEU加盟国からは批判されている。

そもそもドイツは戦略的な強みとなる要素も、軍事計画を作成する力も持たないし、国連安全保障理事会の常任理事国でもなく、もちろん核兵器を保有してもいない。ミンスク合意によるウクライナとロシアの停戦は、フランスの決定的な介入なしには実現できなかっただろう。ギリシャへの最新の援助計画でも、ついに譲歩を強いられることとなった。

フランスとの力関係でドイツが優位に立つようになったとは言え、夫婦にもたとえられる独仏関係はかけがえないものだし、**ドイツの強さと繁栄のためにはEUに深く根づくことが最善の条件であることを、ドイツの指導者の大半が認識している。**自らに有利に物事を進めようとし過ぎると反感を買い、拒絶というしっぺ返しにあうかもしれないのだ。

Lecture 27

ブレグジットはEUの有用性を逆説的に証明する

よくある思い込み

2016年6月23日の国民投票で、イギリスの有権者はEUからの離脱を選んだ。ブレグジット（Brexit＝イギリスの離脱）はEUの弱体化を助長し、他の国々の脱退を誘発してEU解体の端緒にさえなるかもしれない。

EU加盟国が離脱を決めたのは、初めてのことだ。ヨーロッパ経済共同体（EEC）の時代以来、加盟国が6カ国から28カ国に増えたEUは、一国も離脱することなく、常に拡大を続けてきた。それが、他の27の加盟国の大半がショックを受けた理由の1つでもある。しかし、だからと言って、**この国民投票の結果がEUにとって致命傷になると決まったわけではない。**

27 ブレグジットは EUの有用性を逆説的に証明する

まず、ブレグジットには、状況を明確にする効果がある。重要なパートナーでありながらヨーロッパ統合計画に消極的だったイギリスが離脱すれば、EU内部でブレーキがかけられることがなくなるはずだ。イギリスは長年、EUに関しては消極的で、ヨーロッパ統合の推進役を務めることはなかった。

それに、ヨーロッパとその指導者たちはこれを好機として、EUを新たな道に進ませることができるかもしれない。そもそも彼らはこれまで市民の不満に対して鈍感で、横柄とも言える態度をとってきた。しかし今、市民が緊縮政策を突きつけられることにうんざりし、意見を十分に聴いてもらえないと感じており、それを考慮しなくてはいけない時が来ている。「ドミノ効果」が起こるおそれはさほどなさそうだが、ブレグジットはヨーロッパの決定機関に対する警告であることは間違いがない。

ブレグジット支持派が投票で勝利を収めてまもなく、イギリス国内の「離脱」支持派は後悔の念を表明したし、経済上大きな困難も予測されている。だから、イギリスの国民投票の結果は連鎖反応を引き起こして離脱国を増やすどころか、逆に、結局は離脱を思いとどまらせる材料となるだろう。**イギリスの離脱は、矛盾するようだが、ＥＵへの帰属の利点をあぶり出すことになる。**イギリスの政治家たちは時間を稼ごうとしているが、離脱は痛手となり、加盟国にとってのＥＵの有用性を逆説的に証明する結果になるだろう。**ヨーロッパの指導者たちが正しい決定をしていけば、ＥＵは最終的にブレグジットを乗り切り、より強くなれるはずなのだ。**

いっぽう、イギリスの威光はかなり弱まるだろう。ＥＵからの離脱そのものに伴う経済的代償に加えて、国の信用も危機にさらされる。スコットランドがＥＵにとどまるためにイギリスから分離しようとする可能性は大いにある。スコットランドが分離独立すれば、イギリスの評価、地位、威信にとって莫大な損失となることは間違いない。イギリスは戦略面でも衰退期に入ることになるだろう。

それだけでなく、イギリスはEU離脱によって大西洋の対岸とのつながりも弱めることになり、アメリカにとって重要な存在でなくなるだろう。アメリカ側にしてみれば、イギリスが戦略的パートナーであるためには、ヨーロッパで影響力を行使し、アメリカの意思を引き継いでくれなくてはいけない。イギリスはEUから離脱する道を選ぶことで、事実上その役割を放棄し、あまり役に立たなくなったとみなされるはずだ。アメリカから見れば、ヨーロッパ大陸に関する戦略上の重要性が薄れたイギリスは、もうアメリカの利益のために動くことができなくなる。**ブレグジットは最終的に、イギリス政府とアメリカ政府の間を遠ざける原因となるだろう。**

さらに、イギリスはこれまでEUに準じてきた通商協定すべてに関して、交渉をやり直さなくてはいけない。

したがってこれからのEUに求められるのは、大陸の諸問題を解決する力量を示しつつ、ヨーロッパの人々から見放されないために、新たな問題を深刻化させないことだ。

Lecture

28

中国とロシアは、互いに同盟関係を望んでいない

よくある思い込み

アメリカの強大な力と、ドナルド・トランプの攻撃的とされる政治に対抗するため、ロシア政府と中国政府は同盟関係を結んだ。これは毛沢東とスターリンの時代を彷彿とさせる同盟である。

1949年に毛沢東が権力を握ると、ソ連と中国はイデオロギーと戦略に関する同盟を結び、1950〜1953年の朝鮮戦争ではその同盟が効力を発揮した。しかし、中国はまもなく、ソ連が率いる共産主義世界同盟の忠実なナンバー2でいる意欲を失って独自路線を目指すようになり、その結果、核兵器を所有するに至った。両国の断絶は1961年に公となる。このとき、**真の原因である国家間の競争は、イデオロギー論争によって覆い隠されたのだ。**

いずれにしても、現実に、共産主義の二大国は対立していた。さらに、アメ

28 中国とロシアは、互いに同盟関係を望んでいない

リカのニクソン大統領と（国家安全保障問題担当大統領補佐官の）キッシンジャーは1972年から、ソ連を牽制する目的で中国に接近する外交戦略（「チャイナ・カード」）をとった。

1980年代に入ると、鄧小平によって中ソ関係が改善されていく。中ソ同盟再構築説は1999年のコソボ紛争の折にすでに言及されている。この紛争にはアメリカの指揮下でNATOの全加盟国が参戦したが、中国とロシアは少なくとも外交上は反対を表明した。ロシアは1990年代には力を弱め、アメリカに対抗できなかったものの、ウラジーミル・プーチンが政権の座に就くと共に力の政治に回帰する。中国も国力が増大するにつれて、アメリカへの対抗姿勢をあらわにするようになった。中ソ同盟再構築説は、イラク戦争と、欧米によるリビアへの軍事介入の際にも話題になった。国連安全保障理事会では、中国とロシアが投票で足並みを揃えて他国への不干渉を支持し、欧米諸国に反対することが多い。

ドナルド・トランプの政治が、中ロが協力関係を深める一因となっているのは確かだ。両国はすでにＢＲＩＣｓ（欧米の大国に対して「新興勢力」を代表するブラジル、ロシア、インド、中国、南アフリカ）の枠組み内で手を結んでいる。また、クリミア併合後のロシアに対する西側諸国の制裁が、中ロ接近のさらなる動機となってもいる。

とはいえ、この関係には限界がある。**中国にとって、ロシアは大きな経済的利益をもたらすわけではない。**中国は経済成長で優位にあるうえに、ロシアの10倍の人口を擁する。国内総生産は7倍、軍事費は3倍近い。**対するロシアも、中国との対等でない二国間関係に組み込まれることを望んでいない。**また、中国は、経済の活力を保つためにどうしてもアメリカ市場に参入する必要があるから、同様に二国間関係を望んでいるとは言えないのだ。

戦争と紛争

les guerres et conflits

Lecture 29

国家の安定にとって「軍事力は不要」とは言い切れない

よくある思い込み

冷戦が終結し、ソビエトの脅威がなくなると、「平和の配当」（国防費を削減し、その分を経済力の回復に振向けること）が盛んに話題にされ、世界の軍事費が大幅に減ることが期待されている。

東西の対立によってソ連とアメリカは軍拡競争に駆り立てられ、膨大な金額が費やされた。そのせいでアメリカは相対的に衰退し、ソビエト連邦はまさに持てるものを使い尽くした。反対に、第二次世界大戦後、戦略面での自治権を失ったドイツや日本は、並外れて健全な経済に恵まれたようだ。そのため、軍事力を強さの基準にするのは時代遅れだと考えたくなる。それに、１９９０〜１９９１年の湾岸戦争の折には、国連が集団安全保障のルールを発効させることに成功したではないか？　軍事費に過分な富を充てることはもはや不要で、逆効果にさえなる。軍事費は国の安全保障にもう役立たないどころか、逆に安全保障を危うくするものとなった。

とはいえ、**国内総生産に占める国防費の割合と、経済の健全さの関係は、はっきりしない。**確かに、ソ連は富の15〜20パーセントを軍備に充てていたし、経済は疲弊していった。だが、ソビエト体制の失敗を説明する理由は他にもある（官僚政治、リーダーシップの欠如など）。

あるいは、日本が国内総生産のわずか1パーセントを防衛費に充てて健全な経済を保ってきたのは事実だが、逆の例もある。台湾は国内総生産の10パーセントを防衛費としながら、1パーセント未満しか費やしていないアフリカの多くの国よりも経済が健全だった。さらに、1990〜1991年の湾岸戦争の場合は別として、冷戦が終結したからといって、真の集団安全保障体制が整ったわけではない。**その結果、防衛力の保持はこれまで自治と独立の条件とさされてきた。**

法の支配が完全でない世界では、防衛力を持つことで政治的独立が担保されるのが常だ。だが、逆に、政治的対立を解消するために軍事力に頼り過ぎると、取り返しのつかない戦略上の誤りを犯し、不安定な状況を引き起こしかねない。

その実例が、２００３年以来のイラクにおけるアメリカの失敗だ。イラクとアフガニスタンで、アメリカは軍事的に優位だったにもかかわらず、泥沼にはまった。フランスとイギリスが主導したリビアへの軍事介入も同様である。外国の武力干渉による「反乱制圧」戦争はいまや、失敗するのが必定のようだ。今日、アメリカ一国だけで世界の軍事費のおよそ48パーセントを占めるが、それでも、同国の安全が保障されているとは言いがたい。

しかしその一方で、きわめて不合理なことに、アメリカ、アジア、湾岸諸国では軍拡競争が再び始められているのである。

Lecture 30

「ならず者国家」とは「アメリカの外交政策に逆らった国」に過ぎない

よくある
思い込み

国際的な犯罪行為を行なう特殊な国家が存在する。そのような国は、国内では人権を尊重せず、国外では平和への脅威となる。

2017年9月19日にドナルド・トランプが国連総会で演説した際、彼が「ならず者国家」という概念を再び持ち出し、北朝鮮、イラン、シリア、ベネズエラを名指しで批判したことは記憶に新しい。

歴史を遡れば、1980年代にはレーガン政権がリビアの最高指導者、ムアンマル・カダフィを「無法者」と形容した。カダフィ政権が集団的安全保障とアメリカの利益を脅かしているというのがその理由である。その後、1994年に、当時のビル・クリントン政権の国家安全保障担当大統領補佐官アンソニー・レイクが、「外の世界とつきあう能力の慢性的欠如」を露呈する国家を表して「ならず者国家（Rogue State）」という概念を考案したとされる。**ならず者国家とは要するに、大量破壊兵器を入手しようとし、テロリスト集団を支援し、国民をないがしろにし、アメリカに敵対する国のことである。**

この呼称は、ビル・クリントン政権で1997〜2001年に国務長官を務めたマデレーン・オルブライトにより「懸念すべき国家（States of concern）」と改められた。これは、確立された国際社会の規則を尊重しない危険な国家を指し、それらに対しては制裁もあり得ることがこのとき示唆された。

しかしジョージ・W・ブッシュは就任早々「ならず者国家」の呼称を復活させた。ブッシュ政権が懸念すべき国家のリストを公式に作成したことはないが、さまざまな発言から、その概要は明らかだ。すなわち、リビア、キューバ、北朝鮮、イラク、イラン、シリアのことである。公式ではないが、その基準として、独裁的体制や大量破壊兵器拡散への関与、国際的安全保障の侵害などが挙げられるだろう。

しかし、「ならず者国家」という概念にはさまざまな問題がつきまとっている。誰が基準や制裁を決定するのかと言えば、それはアメリカである。アメリカだけが罪状を定めることができ、状況に応じて制裁に踏み切るか否かの決定権を握っていたのは明らかだ。何が不法とされたのかも、はっきりしない。独裁国家すべてを対象とするどころか、最も独裁色の強い国家や、非公式核保有国のインド、パキスタン、イスラエルでさえ（核拡散防止条約を批准していないため、この条約に違反していないのは確かだが）見逃された。国際的安全保障の侵害についてもさまざまな解釈が可能だっただろう。したがって実際、ある国家が「ならず者国家」の範疇に入れられる真の理由は何かと言えば、つまるところがアメリカの外交政策に逆らったことなのだ。

2002年1月、ジョージ・W・ブッシュは「悪の枢軸（Axis of Evil）」を構成する3カ国を公式に発表した。すなわち、イラク、イラン、北朝鮮である。2005年1月、国務長官に指名されたコンドリーザ・ライスは上院の指名承認公聴会で、圧政の最たる国としてベラルーシ、キューバ、イラン、ミャンマー、北朝鮮、ジンバブエの6カ国を名指しした。

バラク・オバマは当選後、その種の指定をしようとはしなかった。しかし、前述したように、ドナルド・トランプ大統領の発言を通じてそうした概念が再び息を吹き返している。

では、当のアメリカはと言えば、数々の国際的条約（国際刑事裁判所、対人地雷禁止条約、すでに離脱した気候に関するパリ協定など）の条文から距離を置き続け、2003年にイラクに不法な戦争を仕掛け、グアンタナモ収容所を造っている。**「ならず者国家」のリストを作成するなら、アメリカを筆頭に挙げるべきではないだろうか。**

Lecture 31

冷戦の論理は今日の世界でもはや通用しない

よくある思い込み

戦略上の問題をめぐってロシアとアメリカの間に深い溝ができると、冷戦の再燃だとよく言われる。実際、「古きよき時代」さながら、米ロが真っ向から対立し、ヨーロッパにおける軍事的配備の増強を競い合うこともあり得るだろう。

この見解は、戦略的現実の分析というより、過去の図式をややお粗末になぞっただけのものだ。確かに、ロシアとアメリカは絶えず力比べをしている（スノーデン事件や、シリア、イラン、ウクライナの問題がそうだ）。**しかし、だからと言って、冷戦時代に逆戻りしたということにはならない。**

まず、世界はもはや二極体制ではない。G20のメンバーは、全員が同盟関係にあるわけではないし、受け身で何も言わない傍観者というわけでもない。確かにロシアはもう1990年代の脆弱で不安定な国家ではないし、強権政治で国を引っ張るプーチンは意見をはっきり表明してアメリカ政府に対抗する。だが、ヨーロッパの半分を支配下に置き、アフリカ、アジア、カリブ海地域に基地と同盟国を持っていた世界的同盟のリーダーではもはやないのだ。

イデオロギーを輸出して世界中に広め、他の体制より優位に立とうとする体制は、もう存在しない。存在するのは国家間の対抗意識と、国益という概念だ。国益は国によって根本から異なり、摩擦と対立の元となる。**現状は昔ながらの地政学的状況に戻っただけであり、20年以上前に消滅した二極世界の図式とは違っているのだ。**

そもそも冷戦が持ち出される背景には、西洋中心の見方がある。新興国では、誰も冷戦の話などしない。西側諸国は、ソビエト帝国の解体直後には自分たちの力に太刀打ちできる国はもう存在しないと考えていたのに、対抗勢力が出現してきていることで不安になっているのだ。

西側（特にNATOとアメリカ国防総省）の一部の指導者や専門家は、プーチンをスターリンと、ロシアをソ連と混同して冷戦のイメージを抱く。彼らが構築しようとしている対ミサイル防衛システムは、1960年代の弾道ミサイルと1980年代のスターウォーズ構想をめぐる論争を彷彿させる。また、ドイツ再統一の際にゴルバチョフにした約束とは裏腹にNATOを拡大することも彼らの意図するところだ。

しかし新興国のなかには、過去の歴史から国外の軍事介入に消極的で、ことに国連安全保障理事会の決定によらないアメリカ主導の介入に及び腰な国々があり、プーチンはそれらの国と戦略的同盟を結ぼうとしている。

アメリカと真っ向から対立する国々があるのは事実だ。ロシアは2016年11月にアメリカの大統領選挙にまで介入したとして告発されている。冷戦後も、ロシアはアメリカに遠慮せず、独自の行動計画を持ち続けてきた。それでも、今日の世界を動かしているのは多様な立場にある国家間の競合の論理であり、東側と西側というブロック分けの論理ではなく、冷戦の論理でもないのだ。

Lecture 32

イスラム圏と西洋は良好な関係で共存しうる

支配者側にありながら衰退しつつある西洋と、被支配者側ながら拡大しつつあるイスラム圏の対立は、避けられない。双方の価値観は本質的に相容れないからだ。アフガニスタン紛争、9・11のテロ、イラク戦争をはじめ、日々起こる出来事が、この説の正しさを証明している。

よくある思い込み

こうした「文明の衝突」論は、20年以上前から盛んに論じられてきた。ソビエト連邦崩壊後の1993年にアメリカの国際政治学者サミュエル・ハンチントンが発表したこのテーマは、2001年9月11日の同時多発テロ事件後、再び広範に取り上げられ、さまざまなコメントや反論が出された。

ハンチントンによれば、戦争の性質は変わっていく。かつて戦争で相対するのは王や王族だった。フランス革命後は、総動員された国民同士が戦った。20世紀には、イデオロギー（ナチズム、共産主義、民主的資本主義）の対立となった。ベルリンの壁崩壊後は、文化圏・文明圏の戦いとなっている。S・ハンチントンは特に、被支配者側にあって拡大しつつあるイスラム文明と、支配者側だが衰退しつつある西洋文明との間の戦いについて述べている。そして、イスラム圏の境界線は血まみれだともつけ加えた。イスラム文明は他の文明よりも紛争を政治的手段として利用することが多く、とりわけ激しい紛争に関わってきたからというのが、その理由だ。

しかしながら、**2度の世界大戦や、ソ連や中国の政治犯弾圧のように、イスラム文明とは無関係な歴史上の惨事も多い。**さらに、ハンチントンが論拠とする実例の1つ、1990～1991年の湾岸戦争では、逆に多数のアラブ諸国（大半がイスラム教国）がアメリカ（キリスト教徒が多数派の国）側について、イラク（やはりイスラム教徒が大半を占める国）との戦争に参加している。

ただ、そうは言っても、西洋とイスラム圏の関係がはらむ問題が本質的に重要になってきたのは、間違いない。たとえば、中近東の紛争は１９７０年代には数ある地域紛争の１つと考えられたかもしれないが、今では外交戦略において中心的な位置を占めている。

確かに文明は一枚岩のようなものではない。だが、**ハンチントンの最大の誤りは、歴史はあらかじめ定まっていて、この２つの文明が必然的に戦争をすると考えたことだ。**この世で自動的に起きることはなく、すべては、指導者と国民が下す政治的決定に左右されるはずである。**イスラム圏と西洋は良好な関係で共存できるのに、それを否定するような政治決定が続けば、対立の可能性が高まることもあり得る。**文明間の戦争は不可避だと考えるのは、間違いだろう。

ただ、けっして起こりえないと考えるのも、間違っている。テロ行為も、２００３年のイラク戦争も、その他の軍事介入と同様に、イスラム圏と西洋の間の敵意を拡大する一因となった。

Lecture 33

イスラエル・アラブ間の和平は原理的には可能である

よくある思い込み

度重なる仲介や和平合意の試みは実を結ばず、イスラエル・アラブ間の暴力は再燃を繰り返している。アラブ人とイスラエル人は終わりのない戦争状態に陥っており、その主な原因は宗教上の対立だ。両者はあまりに違い過ぎて、平和的に共存することはできない。それにもかかわらず、同じ領土を欲している。

確かに、1948年のイスラエル建国以来、アラブ人とイスラエル人、あるいはイスラエル人とパレスチナ人は、いかなる包括的和平合意にも達することができず、和平交渉の失敗の責任を互いになすりつけ合ってきた。ユダヤ人とアラブ人の対立が始まったのは第一次世界大戦と第二次世界大戦の間で、その後、1947年には国連がパレスチナ分割案を決議した。それ以来、イスラエル・アラブ紛争は終わりのない闘いという印象を私たちに与え、年月を経ても互いの敵意は薄れるどころか、逆に増している。

それでも、和平は不可能ではない。まず強調すべきなのは、1492年にスペイン王国から追放されて以来、ユダヤ人がアラブの国々に身を寄せ、少数派であるが故に平等な権利を与えられなかったにしても、少なくとも暴力の犠牲にはなってこなかったということだ。

さらに、イスラエルと近隣のアラブ諸国の度重なる戦争（1948年、1956年、1967年、1973年、1982年、2006年、それに2008年、2012年、2014年のガザ戦争も加えなくてはいけない）にもかかわらず、イスラエルはいっぽうではエジプトと、他方ではヨルダンと平和条約を結んでいる。1995年にイスラエルのイツハク・ラビン首相が過激派のユダヤ人に暗殺されなければ、オスロ合意が真の和平につながったと見る専門家も多い。

2002年にアラブ諸国がイスラエルに対して提案したアブドラ案（サウジア

ラビアの当時の皇太子、後の国王の名に因《ちな》む）は、包括的な解決策として、イスラエルが1967年以来占領してきた土地から撤退するのと引き換えに、近隣のアラブ諸国はイスラエル国家を承認するという内容だった。**長年イスラエル人はパレスチナ国家という概念すら認めず、敵対するアラブ人は「シオニズム運動の産物」の破壊を求めてきたという経緯を考えれば、大きな一歩が踏み出されたと言えよう。**

今日、イスラエルの世論調査では国民の3分の2がパレスチナ国家の建国を認めている。パレスチナ側でも、人口のかなりの部分がイスラエルの存在を認めている。さらに、イスラエルとパレスチナの合意の条件は周知で、さまざまな調停案で言及されてきた。その条件とは、アラブ諸国がイスラエルという国家と、同国が安全に存続する権利を承認し、同様にイスラエルは（パレスチナ当局が国境を管理できない状況を解消して）真のパレスチナ国家を、おおむね1967年の国境内に（場合によっては双方の合意の下に境界線を修正し、領土の均衡を図って）建国することに同意し、エルサレムを両国家の首都とすることである。

結局のところ、ユダヤ人とアラブ人（イスラム教徒であれキリスト教徒であれ）**の違いの本質は、宗教ではない。**それぞれの共同体が、平和と歩み寄りを支持するグループと、争いを求めるグループを抱えていることだ。したがって、**肝心なのは政治的選択であり、宗教上の決定ではない。**「領土と引き換えの平和」という表現が、政治と領土において妥協をすれば和平が可能であることをよく表している。

とはいえ、オスロ合意調印後も続けられた入植と、そのせいで生じたパレスチナの領土の細分化によって、2つの国家の共存は物理的に不可能かもしれないという見方もある。イスラエル社会は右傾化を強め、入植者の政治的な力が増している。パレスチナ人はファタハ（訳注：パレスチナ自治政府の主要組織）とハマス（訳注：イスラム原理主義組織）に分裂している。そして、国際社会は、一致団結して当事者に圧力をかけることができない。

原理的には可能である。しかし、和平の見通しはますます遠ざかっていくようである（訳注：2017年10月にファタハとハマスが和解合意を発表している）。

Lecture 34

アラブ世界の対立は宗教的動機よりも国家と戦略に起因する

よくある思い込み

イスラム教のシーア派とスンニ派の間の溝は、中近東が抱える最大の戦略的分断線となった。イラン、イラク、シリア、レバノンのヒズボラを結ぶ「シーア派の弧」が、今まさに形成されつつある。拡大を続けるシーア派の弧はスンニ派の政体を脅かし、サウジアラビアとイランの緊張が高まる原因ともなっている。

シーア派とスンニ派の分裂は、預言者ムハンマドの死後の後継者争いに端を発し、神学的というより政治的理由から生じたものだが、宗教上でも現実に相違がある。両者間の溝が再び深まったのは、イラン革命でホメイニ師が政権を握り、シーア派神権政治の体制を敷いてからだ。

しかし、**イランと湾岸アラブ諸国との対立は、宗教的動機だけに基づくのではな**

い。ホメイニ師率いるイランの革命的体制と、サウジアラビアのような保守的体制の間には影響力をめぐる争いもあり、ペルシアとアラブの歴史的対立の背景や、アメリカとの関係の違い（サウジアラビアは友好国、イランは敵対国）と並んで、分裂の一因となっている。

イラン・イラク戦争は、国家間の対抗意識と、特にシャットル・アラブ川（訳注：イラン・イラク国境を流れてペルシャ湾に注ぐ川）をめぐる領土争いに関連していた。イランは、レバノンのシーア派組織ヒズボラの創設に手を貸しつつ、スンニ派組織であるハマスとも同盟関係を築いた。また、シリアのバッシャール・アル＝アサドの政権も支持した。アサドはシーア派に遠い起源を持つアラウィー派である。イランがシリアとそのような関係を築いたのは、元々はサダム・フセインの率いるイラクに対抗し、敵対国同士で同盟を結ぶためだった。

「シーア派の弧」を非難したのは、まずヨルダンのアブドラ国王、次いでホスニ・ムバラク元エジプト大統領と湾岸諸国の君主たちである。彼らはアメリカが方針を転換してイランと戦略的同盟を結ぶことをおそれ、欧米、ことにアメリカからの支援を得ようとしたのだ。

アラブ世界において宗教上の相違は存在するものの、それは分裂の要因の1つに過ぎないし、一見手強そうだが、調整は難しくない。イスラエル、アメリカとの関係をめぐる問題のほうが影響は大きい。

たとえば、イランはシーア派のアゼルバイジャンよりも、キリスト教のアルメニアを支持している。つまり、イラン政府は宗教的連帯よりも国益に応じて行動するのだ。また、イラン・イラク戦争（1980〜1988年）の際は、イラクで多数派のシーア派が国家に忠実であったのに対し、イランではスンニ派が祖国に忠実であった。あるいはバーレーンでは、抗議活動を弾圧するために、サウジアラビアの支援とアメリカの賛同を得て、シーア派の脅威がことさらに強調された。

いずれも、宗教的というより政治的・社会的対立だ。サウジアラビアとイランの根深い対立関係は、宗教ではなく国家と戦略に関わっているのである。現に、王制時代のイラン（訳注：1979年のイラン・イスラム革命以前）はアメリカと同盟関係にあったため、サウジアラビアとの間にはさほど対立感情がなかった。

いっぽうカタールは、同じスンニ派のワッハーブ派であるサウジアラビアよりも、イランと良好な関係にある。そのカタールに対して、2017年夏、サウジアラビアとアラブ首長国連邦が国交断絶を宣言した。イスラム国はというと、イラクのシーア派政権に敵対するのみならず、少数派のキリスト教徒と、大半がスンニ派であるクルド人も目の敵にしている。

スンニ派とシーア派の間に溝は確かに存在するが、中近東に存在する唯一かつ最大の断絶とは言えない。ただし、戦略における対立の拡大や激化により、思いがけない展開もあり得る。溝が深まっているのは事実だ。とはいえ、二派の対立がこの地域の紛争全般を読み解く鍵となるわけではないことは、忘れてはならない。

Lecture 35

核保有国の増加が「世界の危機」を意味するわけではない

よくある思い込み

核兵器保有国の数は、急速に、抑制できないほど増加するおそれがある。その現象を「拡散」と呼び、これを警戒せねばならない。

1960年代には、専門家は核の拡散を2つの型に分類していた。「水平的」拡散、つまり核兵器保有国の数の増加と、いわゆる「垂直的」拡散、つまり核兵器保有国が持つ核兵器の数の増加である。1968年に調印された核不拡散条約が目標としたのは、非保有国が核兵器の入手を断念することと引き換えに、保有国は核軍縮条約の交渉に誠実に取り組み、全面的かつ完全な核兵器廃絶を目指す、というものだった。

要するに、垂直的拡散を断念することによって、水平的拡散の抑制を目指し

35　核保有国の増加が「世界の危機」を意味するわけではない

たのだ。

今日、「核拡散」と言えば、水平的拡散だけを指すと解釈される。しかし、この語は最適ではない。「拡散」と訳されるproliferation［英］／prolifération［仏］は本来、ある現象の急速かつ抑制不能な増大・増殖を意味するからだ。

１９６０年代初頭、ケネディ大統領は20年先を予想して、世界の核保有国は30前後になるだろうと述べ、核拡散のリスクに言及した。ところが、**核保有国の数は着実に増加しているとは言え、その勢いは拡散と呼ぶほどではないのが現実である。**

核保有国は１９４０年代には2カ国（アメリカとソ連）で、１９５０年代にもう1カ国（イギリス）、１９６０年代にはさらに2カ国（フランスと中国）が加わり、20世紀末までに3カ国が新たに加わった（イスラエル、パキスタン、インド）。北朝鮮も保有を表明しているものの、同国に核廃絶を求める韓国、アメリカ、ロシア、日本、中国との間で泥沼化した交渉が続けられている。イランは核兵器開発疑惑があったものの、２０１５年7月14日に達した合意により、平和利用のための核開発計画を軍事目的に流用しないことが国際的査察制度によって保証された。このように、核保有国の数は（緩やかに）増加してはいるものの、拡散しているとまでは言えないのだ。

それに、核不拡散を訴える政治は、矛盾の上に成り立っている。自身の核保有を抑止力として正当化する国が、他国の核兵器入手は国際平和を脅かす行為とみなすからだ。

理論的矛盾はさておき、核保有国の数が増加すれば、核使用の危険が高まることは認識すべきである。

とはいえ、核保有国が増加しつつある現状を、欧米諸国は安全保障にとっての深刻な脅威ととらえている。欧米の優位が危うくなるからだ。いっぽう、**新たな核保有国に隣接する国々以外は、現在の情勢を大きな危機とはとらえていない。**

「新たな保有国の政治体制はさらなる不安要素ではないか？」「核抑止力が役立つのは、指導者に良識がある民主主義大国だけではないか？」……そう考えるとすれば、スターリンのソ連や毛沢東の中国が、欧米人が定義する「良識」

による民主主義国でなかったにもかかわらず、国家戦略に核保有による「恐怖の均衡」を組み込んだことを忘れている。また、実際に核兵器を他国に（2度も）使用した唯一の国がアメリカという民主主義国であることも、忘れている。1945年8月、アメリカは日本に対して実際に核兵器を使用したのだ（当時、核抑止力という考え方がなかったのは事実だが）。

さらに、北朝鮮のような独裁的で国際秩序を乱す政権は、同国の国民にとっては耐えがたく、近隣の国々にとっては不安の元かもしれないが、核兵器を入手したからといって必ず使用するとは限らない。北朝鮮の指導者たちは、もしもサダム・フセインとムアンマル・カダフィが核兵器を保有していれば、外国の軍事介入によって政権を転覆されなかったはずだと思い込んでいる。**独裁体制や専制政体の第一の目的は自滅ではなく、政権の維持だ。**そのような国家が核兵器を入手するのは、必ずしも隣国に侵攻するためではなく、他国と対峙しながら体制の安定を確保するための方便だとも考えられる。

このところ金正恩とドナルド・トランプが言葉で挑発し合い、北朝鮮はミサイル発射を繰り返している。それでも、北朝鮮という特殊な国家の場合、核兵器を保有するのは自らの体制を聖域とするためであり、勝ち目がないとわかっている韓国との戦争に突入するためではないのだ。

Lecture 36

北朝鮮によって度々緊張が高まっても、第三次世界大戦にまでは至らない

よくある思い込み

北朝鮮は地上最後の全体主義国家であり、核兵器と弾道ミサイルを保有し、指導者は気まぐれであるから、世界規模の新たな対立を引き起こすかもしれない。

2017年に北朝鮮の最高指導者、金正恩《キムジョンウン》は、国外からの抗議をものともせず、弾道ミサイルを次々と発射した。そのうち2発は日本上空を通過し、金正恩はアメリカを標的とするという威嚇さえした。アメリカ側ではドナルド・トランプ大統領が、北朝鮮は「炎と怒り」に直面するだろうと述べ、「大規模な軍事的報復」に言及した。朝鮮半島情勢について外交関係者と国際関係評論家は憂慮し、メディアは繰り返しトップニュースとして報じている。

北朝鮮の体制が憂慮されるのは（地球上で最も反感を抱かれる国の1つであり、事実上、真に全体主義である最後の国だから）無理もないにしても、**この国の指導者はさほど理**

性を欠いているわけではない。

金正恩は父親である金正日《キムジョンイル》の後を継いだ。第二次世界大戦後に体制を樹立したのは正日の父、金日成《キムイルソン》だった。**この体制が一貫して目指してきたのは韓国の征服でも日本への攻撃でもなく、権力の座にとどまることであり、いったん紛争となれば失脚することを、指導者たちは承知しているのだ。**

北朝鮮は、ビル・クリントン政権時代には非核化へと進む可能性もうかがわせた。しかし態度が硬化したのは、ことにジョージ・W・ブッシュによる2002年1月の「悪の枢軸」発言以降である。ブッシュ大統領はこの発言で、実質的に北朝鮮をイラク、イランと同列に置いたのだ。

さらに、金正恩は——あながち間違いではないが——サダム・フセインとムアンマル・カダフィが核兵器さえ手に入れていれば、命を落とすことなく政権の座にとどまったはずだと信じている。

したがって、金正恩が非核化に同意する見込みは、短期的・中期的にはない。

いっぽう、ドナルド・トランプは大言壮語するわりに、軍事的解決策がいくらでも手の内にあるわけではない。**仮に北朝鮮を攻撃すれば、アメリカの勝利は確実だ。だが、その過程でソウルも東京も灰燼に帰するおそれがある。**

中国は北朝鮮の挑発的姿勢を和らげることはできなかったものの、体制の打倒は望んでいない。そうなれば南北朝鮮が再び統一され、中国との国境にアメリカ軍が駐屯することになるからだ。

現実には、南北再統一を真に望む国は存在しない。日本は統一された朝鮮半島が力を増すことを恐れており、韓国は統一後の経済成長の急速な停滞という負担を抱えきれないし、アメリカはこの地域での戦略的存在感を保ちたいからだ。

北朝鮮側は、開放は体制の崩壊につながると考えている。だから国民を徹底的に支配し続けるのだ。**朝鮮半島情勢は今後も長期にわたり憂慮すべき状況が続き、緊張が度々高まるだろうが、あからさまな争いには至らないだろう。**

Lecture 37

アメリカと中国はライバルであると同時にパートナーでもある

よくある思い込み

中国の台頭により、アメリカの覇権が危うくなっている。中国の脅威がソビエトの脅威に取って代わり、政治体制が相反する支配的大国（アメリカ）と新興大国（中国）の対立は避けられない。

冒頭のような断定からは、中国がソビエト連邦に代わってアメリカのパートナー／ライバルとなるという見方がうかがえる。アメリカは長年、中国がパートナーなのか、戦略的ライバルなのか、自問してきた。中国が力をつけてきたことには議論の余地がない。近年は成長が鈍化したとは言え、最低でも7パーセントの成長を維持し、国内総生産では世界第2位である。一部の予測によれば、中国の国内総生産は今から10〜15年後にはアメリカを超えるという。

だが、**アメリカ政府にしてみれば、今日の中国をたとえるなら、冷戦期のソ連というより1980年代の日本だろう。**ソ連とは異なり、中国は世界秩序にも、アメリカの体制にさえ、異論を唱えない。自分もそこに仲間入りし、できるだけ良い席に着きたいと望んでいるだけだ。自国の利益になる（アメリカ的）資本主義を完全に受け入れ、2001年には世界貿易機関（WTO）にも加盟した。

中国が「危険」なのは、アメリカに貿易・経済面で競争を仕掛けてくるからであり、相反する体制のせいで対立するからではない。**米中はよくある国家間の競争をしているだけで、相手の体制を打倒して覇権を握ろうとしているのではないのだ。**確かに、中国は多くの外交問題に関して、アメリカと異なる立場をとる。しかし、1999年のコソボ紛争でアメリカのミサイルがベオグラードの中国大使館を破壊したあとも、さほど強い敵対姿勢はとっていない。また、中国のイラク戦争への反対表明は非常に控えめで、フランス、ドイツ、ロシアほど強硬ではなかった。

中国にとっては、多額の貿易黒字をもたらし、産業機構を活性化してくれるアメリカ市場を守ることが最優先なのだ。**経済的観点からは、中国とアメリカは利害が一致しているとさえ言える。**２００７年時点において中国の外貨準備高１兆２０００億ドルの４分の３はアメリカに再投資され、それによってドル相場は下落を免れていた。

そのいっぽうで、中国は２００９年以降、もはや臆することなく国際通貨としてのドルの役割を問題にしている。２００６年以来、中国とアメリカの当局者は「戦略的経済対話」のため６カ月ごとに会し、アメリカと貿易相手国第２位（1位はカナダ）である中国との間の経済的不均衡を解消しようとしてきた。

アメリカ側の主な要求は中国の貿易黒字の削減と、人民元の切り上げと、中国市場における知的所有権の保護の強化である。ドナルド・トランプは２０１６年の選挙期間中に、輸入品に課税してアメリカの対中国貿易赤字を減らしたいと述べた。だが、アメリカ経済に損害を与えかねないとして、最終的には課税を断念した（訳注：２０１８年４月に中国製品への制裁関税を発表している）。

冒頭で示したような「思い込み」とは逆に、中国政府とアメリカ政府が「G

2」として世界の諸問題に対処する米中共同統治のような体制に言及する向きもある。しかしそれもまた、あり得ないだろう。**現実には、アメリカと中国はパートナーであると同時にライバルだからだ。**

Lecture 38

国際的な制裁が有効である時代はもう終わっている

よくある思い込み

戦争ではなく経済制裁という手段に訴えれば、国際秩序に背く国家を懲らしめて、全体の利益に合わせるよう路線変更させることができる。制裁は、国際社会が法により統治されている証となる。

最初に指摘しておきたいのは、国連憲章には「制裁」という語は登場しないということだ。憲章のなかで言及されているのは「措置」や「行動」である。それらは第7章に記載され、貿易停止から移動の禁止までを含む。そうした「措置」や「行動」は、文化やスポーツの分野にも関係して、大きな象徴的影響力を及ぼし得る。また、兵力の使用に至ることもあり得る。

それに、冷戦が終結するまでは、国連の安全保障理事会が採択できた制裁案はあまり多くなかった。常任理事国それぞれが、拒否権により同盟国を保護したからだ。それでも、南アフリカに対する制裁と、制裁の示唆は効果を発揮し、同国を屈服させてアパルトヘイト体制の廃止に至るという輝かしい成功を収めた。

1990年には安全保障理事会が、イラクに対し、同国が併合していたクウェートから1991年1月15日までに撤退しなければ武力行使するという決議を採択した。これが、国連憲章に定められた条件で武力が行使されて成功をおさめた最初の例となった。その後も、1990年代には制裁措置に至る事例が増加し、15件ほどの決議がなされた。

とはいえ、**制裁は一見効果的だが、数々の疑問も示されてきた。**制裁は、体制よりも国民にとって痛手となることが少なくないからだ。実際、イラクに対して決定された多数の品目の選択的禁輸は50万人を死に至らしめたが、その多くが女性と子供で、サダム・フセイン政権を弱体化させる効果はさほどなかった。さらに、イラクの国民１人当たりの国内総生産は10分の１となり、教育制度や保険制度も打撃を受けた。同様に現在、北朝鮮も制裁を発令され、孤立しているが、そのせいで政権が苦境に陥ってはいない。

このように、**制裁による締めつけは為政者ではなく国民を苦しめる。また、制裁を繰り返せば、その国は孤立するものの、政権を真の苦境に追い込むことはできない。**為政者にとっては、孤立よりも体制の崩壊のほうが怖いのだ。キューバに１９６１年から２０１４年まで課せられていた貿易停止は、国民の消費水準を下げて国内経済に打撃を与えたものの、カストロ政権を弱体化させはしなかった。フィデル・カストロは、ワシントンでアメリカ大統領の座を10人が引き継ぐ間、政権にとどまり続けたのだ。

２０１４年のクリミア併合後、ロシアに対して欧米諸国が決議した制裁は、ロシア政府を苛立たせはしたものの、１バレル当たりの石油価格が下落するほどの痛手とはならなかっただけでなく、経済制裁を発した国々にとっても経済面でマイナスとなった。

欧米諸国が発動する制裁が対象国を真に懲らしめる時代は、もう終わった。欧米は、もう力を独占してはいない。国際的制裁と欧米による制裁を混同すべきでないのは、国際社会と欧米の社会を混同すべきでないのと同じことだ。純粋に欧米の国々のみによる制裁では、限られた効果しか得られない。欧米以外にも力を持つ新興国が現われ、世界は多極化しているからだ。

制裁を成功させるにはできるだけ多くの国の参加が必要で、そのためにも、南アフリカや1990年のイラクへの制裁のように、集団的で真に地球規模の決定が不可欠だ。また、標的は政治指導者に絞り、国民には害が及ばないようにしなくてはいけない。

民主主義

la démocratie

Lecture 39

民主主義平和論は机上の空論である

よくある
思い込み

民主主義体制では、国民に決定権がある。国民は紛争の影響を真っ先に被るため、戦争をしたがらない。逆に独裁者は、発言権がない国民をいとも簡単に戦争に引きずり込み、戦争の最たる被害者にする。

ベルリンの壁が崩壊し、ソビエト帝国が瓦解したあとの1990年代初頭、民主主義平和論が新たに脚光を浴びつつあった。冷戦期の西側の人々の意識には、ソビエトの脅威と、共産圏を潜在的侵略者とみなす考え方が刷り込まれていた。その結果、東側社会の非民主的性格と好戦性が強く結びつけられ、西側は逆に市民の自由が保証された平和な世界とされて、それが民主主義平和論の論拠となったのだ。

しかし、西ヨーロッパの国々は数世紀間にわたる果てしない対立の末に2度の世界大戦を引き起こし、ようやく（植民地以外の本国では）平和の時代に入ったのは1945年以降である。平和がより確実になったのが、民主国家のみに対して開かれた組織であるEC、欧州共同体（のちのヨーロッパ連合）の設立（1957年のローマ条約調印による）だ。昨日まで敵同士だったにもかかわらず、EC加盟国間では戦争は考えられなくなった。これにより、民主主義体制を世界に広めるのが戦争の危機をなくす最善の解決策だとされるようにもなった。

とりわけ、アメリカのビル・クリントン大統領（在任1993―2001年）は、民主主義による平和を外交政策の柱の1つに据えようとした。民主主義の推進は国益にかなうと考えたのだ。アメリカ的なリベラルな価値観を尊重する平和な世界であったほうが、アメリカにとっては有利だからである。**ところが、その論理はのちに打ち砕かれることになる。**

そもそも、国民にとって民主主義体制が望ましいのは明らかだが、**民主主義が必ず平和を伴うとは限らないし、独裁体制が必ず戦争を伴うとも限らない**（チリの独裁者ピノチェト将軍は1度も戦争をしなかった）。きわめて民主的な大国であるアメリカは、自らの価値観や国益を守るために無謀な軍事行動を度々起こしてきたし、中近東で唯一の民主国家を標榜するイスラエルは、何度となく地域紛争の火付け役となり、２００６年には民主国家レバノンに侵攻している。また、１９７１年にパキスタンを攻撃したのは、民主国家インドだった。

また近年も、**人権保護の名目で躊躇なく戦争を始める民主国家は後を絶たず、大規模な戦争となることさえある。**たとえば、１９９９年にはＮＡＴＯ諸国（すべて民主制の国）がコソボの住民を守るためにセルビアを攻撃したが（選挙によりセルビア大統領からユーゴスラビア連邦共和国大統領となったミロシェヴィッチは、確かに圧政を敷いていた）、国連による委任もなければ、正当防衛となる状況でもなかった。

アメリカは正当防衛を口実に、アフガニスタン（タリバン政権がウサマ・ビン・ラディンをかくまい、アメリカ本土への9・11テロ攻撃を計画したアルカイダに訓練拠点を提供していた）を攻撃できた。ただし、２００３年に独裁者サダム・フセインが率いるイラクに仕掛けた戦争を、同じ口実で（あるいは国連のお墨付きを得たとして）正当化するのは、無理があったと言える。

リビア内戦（訳注：2011年）では、国連安保理決議第1973号により国民を「保護する責任」を履行するために軍事介入が承認されたものの、ミッション遂行中にフランスとイギリスが、目的をリビアの政権交代に変えた。この場合も、独裁体制に対して戦争を仕掛けたのは民主主義の国々であったことを、忘れてはならない。

Lecture 40

民主主義体制を外部から押しつけることはできない

よくある思い込み

独裁体制の下では国民は困窮し、自力で民主主義体制を打ち立てられない。したがって、独裁体制を倒して圧政を終わらせるのを助け、市民の自由を回復するために、外国の介入が必要な場合がある。

アメリカの新保守主義者は、冒頭に挙げたような論法をどこまでも押し通し、イラク戦争を正当化して、イラクに民主主義を確立させるためにも不可欠だったと強弁する。しかし、歴史を顧みれば、戦争や戦争の脅威があるときには愛国心が高まり、政府がどれほど独裁だと批判されてきたにしても、結果的に国民全体が政府を中心に連帯するものである。たとえば、1980年にイラクがイランに仕掛けた戦争は、ホメイニによる圧政の確立に大きく寄与した。

また、政権は危険を察すると、自らの正当性を回復するために、外敵の脅威を口実として利用するのが常だ。そのうえ、イラクとアフガニスタンの例を見ればわかるように、解放者は最初こそ歓迎されても、すぐに占領者とみなされて拒絶される。新体制に参加した現地の大物たちは、たちまち占領側への協力者とみなされる。**外部から押しつけられた政治システムは、たとえより自由で民主的であったとしても、正当性があるように見えないのだ。外国の軍事介入は、安定した民主的体制の確立よりも、混乱をもたらすことのほうが多い。**

民主制というものは、内部でゆっくりと育っていくものだ。ヨーロッパの例を見ても、それがよくわかる。**現存するどんな民主主義体制も、短期間で出来上がったものではない。**それは１７８９年以降のフランスの歴史を見れば明らかで、民主的な共和政と、君主制や帝政や専制政治といった非民主的体制の間を行ったり来たりしてきた。

これまでどんな民主主義体制も、外部の介入によっては成立しなかったし、ましてや戦争によって成立したことはない。よくドイツと日本が引き合いに出されるが、それは的外れだ。ドイツでは、第二次世界大戦の終結と共に、１９３３年以来ヒトラーによって打ち砕かれてきた民主主義がようやく回復された。日本は、原爆の投下、第二次世界大戦の終結を経て、天皇制が維持されている非常に特殊なケースである。

確かに、民主化の途上にある国家のために、外的要素（他の国家、ＮＧＯ、世論、国際機関、企業など）が、市民社会との連携、反体制の支援、難民の受け入れ、一連の奨励措置を通じて補助的な役割を果たすこともある。それでも、**民主主義体制が確立され、維持されるのは、社会の内側から起きた運動によって実現したときだ。**

世界の至る所で、情報入手だけでなく教育の機会も増えたおかげで、市民の発言力はますます大きくなり、内側からの民主化が実際に進みつつあることを指摘しておきたい。

Lecture 41

西洋の価値観こそ普遍的だと考えるのは間違っている

よくある
思い込み

いわゆる「普遍的」価値観が西洋の価値観と同一視されがちなのは、西洋的価値観が世界中に広まるのは当然だからだ。民主主義と人権は西ヨーロッパで生まれ、それから他の大陸に広まっていった。つまり、西洋の規範を受け入れないのは、普遍的権利をないがしろにする体制である証である。

普遍的規範と西洋的規範の関係を論じる際、陥りやすい誤りが2つある。1つは、文化の相対性を盾にとって深刻な人権侵害を正当化し、人間が普遍的に持つ基本的権利を否定することだ。

もう1つは、無意識のうちに文化に序列をつけることだ。自覚するしないにかかわらず、普遍主義者を自任する西洋人のなかには、民主主義の理想のためにパワーポリティクス（力の政治）を展開しようとする人々がいる。その極端な例がイラク戦争で、アメリカ政府は民主制度の導入によって正当化されると考えていたのだ。

民主主義と人権にふさわしいのは西洋人だけだろうか？　いや、そう考えるのは、それらの恩恵を求める世界中の人々の強い願望を否定することになる。

アジアと民主主義は、そのせいで長年、相容れないとされてきた。それでも、かつて独裁体制だった韓国と台湾は、ほんの数十年間で真の民主制度の確立を成し遂げ、反体制派の権利が尊重され、政権交代が可能な国になった。インドは建国以来の民主国家であるし、インドネシアも近年、民主国家となった。民主制はアフリカでも大陸全体に広まりつつある。また、アラブ世界でも突破口が開かれようとしている。

いっぽう、政治という狭い領域の外においては、ことに家族と男女間の関係について、価値観をめぐる激しい闘いも続けられている。そのため、シンガポールのリー・クアンユー元首相は、権威を重んじ年長者を敬う東洋的価値観を擁護し、西洋的な自由放任主義とは一線を画した。

また、女性の権利の尊重という概念も、東と西で異なる。イスラム圏では広告やポルノ作品が女性の権利を損なうものとみなされ、西洋ではベールの着用と一夫多妻が女性の権利を損なうとされる。

それに西洋人は、自身の恥ずべき行ない（奴隷制、植民地化、世界大戦、ホロコースト［ナチスによるユダヤ人大量虐殺］）を直視したがらないことがある。

そして何よりよく批判されるのは、彼らが西洋的価値観にこだわることではなく、自分の都合に合わせてその価値観を持ち出し、道徳論争をする陰で、しばしば地政学的な利害を考えているということだ。

Lecture 42

「道徳的」介入は内政干渉の道具として利用されやすい

よくある
思い込み

他国への介入は、連帯に基づく思いやりから行なわれる。他者の苦しみへの無関心を捨て、国際関係における政治的シニシズム（冷笑・無視）を拒む進歩主義的な行為である。介入によって、個人と民衆の権利が政府と国家から勝ちとられ、基本的権利が大きく侵害されなくなり、思いやりと、人間の苦しみへの関心が示されることが多い。

介入に関するこのような考えが登場したのは、ナイジェリアで深刻な飢餓を引き起こしたビアフラ戦争（1967〜1970年）の最中だった。各国政府の沈黙に対する反動から「国境なき医師団」をはじめとするNGOが誕生し、人道上の緊急事態においては人道的介入が正当化されると主張した。

その理論づけを主導したのが、法学者マリオ・ベッターティと、フランスの医師で政治家のベルナール・クシュネルだ。「介入の権利」は、文筆家ジャン＝フランソワ・ルヴェルが１９７９年につくった語で、超国家的機関（国連など）から委任された範囲内で、１つあるいは複数の国家が他国の主権を侵害する権利を認めるという概念だ。なお、介入の義務とは、超国家的機関の要請に応じて、ある国家が、ある国民に援助を提供する義務のことをいう。

介入の権利と義務は、異論のある理念だ。先進国では「思いやりのある考え」とされてかなり広まっているようだが、途上国では受け止め方が異なる。**途上国から見れば、介入は強国が突きつける武器であり、道徳的論拠を隠れ蓑として弱小国家の内政に干渉する手段である。**

先進国が途上国への内政干渉を正当化して行なう介入といえば、すぐに連想されるのが、やはり見せかけだけの思いやりを（保健、教育、開発などに関して）装った植民地主義である。

そもそも、介入は常に（干渉の手段を持つ）先進国側から（人道上の悲劇の大半が起こる）途上国側に向けて行なわれるものだ。途上国が大国への内政干渉を提案することなど想像しにくい。**介入支持者は、介入という考えに抵抗するのは独裁体制だと主張するが、実際には民主主義体制の途上国も強く抵抗するし、新興大国（インド、ブラジル、南アフリカ）も同様だ。**そうした国々では、介入は新植民地主義だとみなされる。

逆説的だが、内政不干渉を貫くのは、長年、途上国の民にとって、植民地の宗主国や帝国の介入を阻止するための、他ならぬ進歩主義に基づく抵抗だった。国連憲章の起草の土台となったのは、まさに弱小国家を守るための不干渉の原理なのである。

途上国が批判するのは、介入が公平にではなく選択的に行なわれ、基本的権利がどのくらい侵害されているかではなく、関係国との敵対関係の度合いによって決まるという点だ。したがって問題は、決定の権限（誰がどんな基準で、介入とその方法を決めるのか？）と、選択的な適用（道徳的に見れば同じような状況で、相手国との関係が異なるとき、行動するかしないかを、どんな状況と理由で決めるのか？）の両方にある。**介入が正当で——そして有効で——あるためには、幅広い多面的な根拠に基づいて決定されなくてはいけない。**

国連の元事務総長コフィ・アナンが2005年に「保護する責任」に言及したのは、主権の原則を独裁者が道具として利用することと、大国が介入を道具として利用することを同時に防ぐためだった。

「保護する責任」は、2011年、国連安保理決議第1973号によって、リビアのカダフィ大佐に対する反乱の際、ベンガジの住民を守るために履行された。この決議は、ロシアと中国が棄権したことにより採択に至った。

ところが、フランス、イギリス、アメリカがこの武力干渉を反乱軍との共闘にすり替えてしまい、住民を保護するためのミッションは典型的な軍事介入と化してしまった。そのせいで、それ以後、保護する責任の履行が難しくなったきらいがある。国連でシリア情勢に関する手詰まりの状態が続いていることにも、それが表れている。

Lecture 43

現実主義の政治が道徳性を犠牲にするとは限らない

よくある思い込み

「レアルポリティーク（現実政治）」の名の下に、民主国家が独裁体制を大目に見たり、ひいては援助したりして、民主主義の基盤であるはずの道徳原理を度々踏みにじってきた。

国際関係における「レアルポリティーク（現実政治）」は、方針も原理もおかまいなしに効率性を重視する政策である。しかしながら、このレアルポリティークという概念は多くの人にとって曖昧なままだ。**なぜなら、現実主義とは普遍的な望みや道徳性を捨てることだと解釈されがちだからである。**

リチャード・ニクソンとヘンリー・キッシンジャーが――「道徳的」あるいは「道徳至上主義」というアメリカの伝統に逆らって――レアルポリティーク

を実践したことも、この概念が信頼性を失う一因となった。アメリカのレアルポリティークは、徹底したシニシズムを伴っていたのだ。

まずベトナム戦争を拡大し、1973年のチリのサルバドール・アジェンデ大統領に対するクーデタを支援した。そしてそのいっぽうで、道義なき大国とみなしていたソ連（後にロナルド・レーガンは「悪の帝国」と呼んだ）の存在には目をつぶっていたのも、その一例だ。ただ、そのレアルポリティークが米ソの「デタント（雪解け）」政策につながったことは確かだ。

狭義のレアルポリティークは、よく言えば現状と折り合いをつけることであるが、悪く言えば自国だけの国益のために全体の利益を犠牲にすることだろう。

こうしたレアルポリティークのより現代的な定義と対極にあるのが、一貫して道徳性を重んじる姿勢であり、この姿勢を貫くための方法や困難、理論上正しいとされる政策が現実にどんな結果を生むかを考慮しないやり方である。**だが、そのような理想主義を徹底すると、状況は良くなるどころか、悪化しかねない。**それをよく物語るのが、ダルフール紛争をめぐる状況だ。戦争犯罪あるいは人道に対する犯罪による市民の大量虐殺（4年間の戦争中に、少なくとも20万人が死亡し、200万人が難民となった）に対処するためにスーダン政府への軍事介入を求める声が高まったが、現地の非政府組織（NGO）が一致して反対した。政治的解決を優先し、介入が被害者に及ぼす悪影響を警戒すべきだというのがNGOの主張だった。この件では、道徳性をめぐる議論が国家とNGOの間ではなく、現地で実際に活動するNGOと、ほぼメディア上だけで政治活動をする知識人の間で交わされたように見受けられた。

真のレアルポリティークには、力関係を現実的に分析して世界の現状を改善する行動全体が含まれるはずだ。レアルポリティークは現実主義につながるかもしれないが、必ずしもシニシズムにはつながらない。むしろ、実践不可能とわかっていながら「道徳的姿勢」をとるのは、場合によってはあまりに安直であると言わざるを得ないだろう。

Lecture 44

「強権国家」ロシアでも民主主義体制は根づくことができる

よくある
思い込み

いまだかつてロシアでは民主的体制が実現されたことがない。何に対しても受け身で、何よりも秩序を求める国民を統治できるのは、帝政であれ共産主義体制であれ、強権だけである。

確かに、ピョートル大帝もエカテリーナ2世も、レーニンもスターリンも、絶対的権力でロシアを治めた。反対に、リベラルな皇帝やゴルバチョフなどが緩やかな統治体制を敷いた時代には、ソ連もロシアも国内外で難局に直面してきた。

その後ウラジーミル・プーチンは2000〜2008年にロシア連邦の大統領を務め、いったん首相の座に就いたあと、再び2012年に大統領となった。

彼のおかげでロシアは国際舞台で威信を回復したが、それと引き換えに、国内政治は専制に逆戻りした。市民の自由が制限されるようになったにもかかわらず、プーチンは国内世論で絶大な人気を誇っている。

ということは、ロシアは本質的に民主主義に適応できないと結論づける他はないのだろうか？　国内でも国外でも重んじられるためには、強圧的な体制がどうしても必要なのだろうか？

この状況を地理的要因によって説明しようとすれば、ロシアは民主的に統治するにはあまりに広大だ、ということになる。次に挙げられる要因は歴史的経緯だ。すなわち、ロシアには民主主義の伝統がない、ということだ。さらに、文化的要因もよく挙げられる。「スラブ人の気質」が、強い権力を求めるというのだ。

だが、地理的基準はすぐに却下されるだろう。ロシアの人口の大半は限られた地域に住んでいるからだ。そのうえ、インド、アメリカ、カナダといった他の大陸国家が、膨大な面積と民主主義が相容れないわけではないことを証明している。

ただ、ソビエト連邦とその偉大さへの郷愁が一部のロシア人の間にあるのは確かだろう。**実際、ロシアで民主主義体制が誕生したのはごく最近で、まだ真に根づくには至っていないし、その背景には、国際社会で受けた屈辱、経済的・社会的不平等の激増、治安の悪化があった。**それらのマイナス面を国民が痛感したために、民主主義は人気を失い、共産主義時代の実績を台無しにしたと考えられるようになった。

民主主義が根づくとき、その主な基盤となる中産階級も同時に確立される場合が多い。中産階級はロシアでも拡大し、体制に対する異議も、この階級から出されている。

それにもかかわらず、ロシアが民主主義に適応できないと結論づける人がいるとすれば、ヨーロッパ社会に民主主義文化が根づくまで何十年、もしくは何百年もかかったことを忘れている。表向きは民主主義でも実態は専制だったり、民主主義への歩みの途中で後戻りしたりした例も少なくない。人権と市民の権利を生んだフランスでさえ、1789年から今日までに、2度の帝政、王政復古、ヴィシー政権など、いくつもの専制時代を経てきたのだ。

とはいえ、プーチンが大統領の座に返り咲いたのはロシアが民主国家になれないことを示す新たなしるしだと見られることは多い。**しかし、市民社会は現に発展し、国民がますます声を上げるようになっている。**２０１４年のウクライナ危機以降、国際的な緊張が高まるなかで国外からの脅威を訴えるプーチンは、専制的であるにもかかわらず愛国的反応のおかげで支持を伸ばしてきたが、いずれはロシアでも、他の国と同様に人々が声を上げるようになるだろう。そして国際的な緊張が和らげば、その可能性はますます高まるに違いない。

Lecture 45

イスラム圏で民主化が進まない原因は宗教ではなく地政学的・歴史的経緯にある

よくある思い込み

イスラム教国には民主国家が1つもない。それればかりか、大半が独裁体制で、宗教が大きな力を持ち、市民社会のあらゆる発展が抑えつけられている。女性の地位は常に低い。

イスラム国家の大半が民主国家でないのは確かだが、**イスラム教と民主主義が相容れないと一般化するのはやり過ぎだし、そもそも事実に反する。**そのような一般化は、2つの誤った見方に基づく。

まず、イスラム圏とアラブ世界を同一視する見方だ。実際は、南アジアと東南アジアはアラブ諸国の3倍ものイスラム教徒を擁するし、アラブ諸国にはキリスト教徒のコミュニティも存在する。もう1つの誤った見方は、イスラエルとアラブの紛争に冷戦をモデルとする論理を当てはめ、この争いを民主主義体制（イスラエル）と独裁体制（アラブ諸国）の争いとする見方だ。

確かに、アラブ世界は、民主化と人間開発の面で非常に遅れている。国連開発計画（UNDP）が継続的に刊行する人間開発報告書の地域版でも、作成したアラブのスタッフが自らその点を遺憾だとしている。

しかし逆説的なことに、国家と認められていないパレスチナは民主的制度を持ち、選挙によって真の政権交代を果たした。抵抗組織ハマスが2006年1月の合法的選挙で勝利し、この選挙の透明性が国際社会に認められたのだ。

ところが、いっぽうで大きな問題がある。パレスチナ政府との関係を断絶したイスラエルと欧米諸国が、ハマスをテロリスト集団とみなしていることだ。そうした地政学的環境（イスラエル・パレスチナ紛争の長期化、アメリカのイスラエルへの支持、イラク戦争）のせいで、アラブ諸国では結果的に過激で反米的な組織が大きな支持を得ているのである。

他のアラブ諸国の民主化運動も、欧米諸国から常に支援されてきたとはとても言えない。欧米諸国が、民主主義を犠牲にしても既存の体制の安定を優先することが少なくなかったからだ。２０１３年にエジプトで軍事クーデタが起きたあとも、そうだった。

とはいえ、イスラム圏の他の国には民主的体制も存在する。ことにトルコは、憲法によって軍が常に特別な権利を与えられてはいるものの、かなり前から民主国家である。だが、２０１６年7月のクーデタ未遂以後、レジェップ・タイイップ・エルドアン大統領は民主主義の成果の多くを捨てて、体制の強権化を進めてきた。

イスラム教国としては世界最大の人口を擁するインドネシアは、１９６５年のクーデタで成立したスハルト政権崩壊後、真の民主主義国家となった。マレーシアも民主化を果たしている。パキスタンではムシャラフ大統領の政権が、テロとの戦いという名目で欧米から支持された。中央アジア諸国では、同じ名目の下で独裁体制が幅を利かせている。

女性の権利に関しては、アラブ・イスラム圏には大きく異なる状況が混在し、反啓蒙主義が非常に強い国もあれば、ごくリベラルな国もある。しかし、欧米社会でさえ、女性の解放が真に実現したのはさほど昔ではない。たとえば、フランスで女性が選挙権を得たのはようやく1944年になってからだった。

アラブの人々も、やはり民主主義体制を望んでいる。その誕生を遅らせているのは歴史的・地政学的事情だ。独裁体制は、共産主義とイスラム主義に対抗するという名目で欧米諸国から支援されてきた。だが、市民社会が発展すれば、民主化運動が至る所で始まる。実際、「アラブの春」が起こった。この運動は民主主義をあまねく広めることはできなかったものの、革命のプロセスには紆余曲折がつきものであり、随所に激動があることが少なくないのだ。

また、2014年10月にイスラム政党が政権交代を受け入れたチュニジアは、アラブ世界の民主化の見本となった。

要は、イスラム諸国の多くが民主制でない原因は宗教ではなく、地政学的・歴史的経緯にあるということ。「民主化できないイスラムの宿命」があるわけではないのだ。

Lecture 46

アフリカでも絶対的権力の時代は終わった

よくある思い込み

安定した国家が構築されず、民族間の埋めがたい溝が激しい対立を生み、風土病とも言える腐敗が蔓延し、経済も政治も未発達なアフリカにとって、民主主義は高嶺の花だ。

冒頭のような断定は、一時的な情勢と、本質的・永続的な性質を混同することから生まれる。**アフリカがいまだに非民主的体制を抱えるのは事実だが、だからと言って、強権と独裁者に統治される宿命にあるわけではない。**そうした本質主義的な断定からは、既存の体制の安定性を優先し、民主的解放を危険視する姿勢がうかがえる。民主制への移行中に不安定な時期がありがちなのは確かであるにしても、独裁体制の維持は長期的安定の保証にはなり得ない。専制君主は別の専制君主によって失脚させられるおそれがあるからだ。

それに、この断定には、人種差別とは言わないまでも、見下すような響きがある。ある人々（経済などの分野が発展した国の国民）にはふさわしい民主主義が、その恩恵を味わうにはあまりに未熟なアフリカの人々にはふさわしくない、などと言わんばかりだ。

アフリカの民主化が再び真剣に論じられるようになったのは、東欧諸国がソ連のくびきから解放され、それまで望むべくもなかった民主主義が東ヨーロッパに広まり始めた時期だ。とはいえ、アフリカの歴史は東欧のそれとは異なる。独立から日が浅く（大半の国が1960年代に独立）、脱植民地により誕生したアフリカの若い国家は、たちまち東西の競争に巻き込まれた。民主主義を旗印とする西側諸国は、アフリカの独裁政権がソ連への反対姿勢を明らかにするやいなや、その政権とのつきあいを喜んで受け入れたのだ。

1990年代に入ると、アフリカは、規制緩和と原料の値下がり、国際金融機関が課した緊縮財政に起因する混乱に見舞われた。そうした混乱が、アフリカの社会と政治の安定を揺るがしたのだ。

今日に至っては、アフリカの豊富な富（石油、希少金属、宝石など）の所有をめぐり、各国国内でも、また多くの国家の間でも紛争が起こり、アフリカ以外の国（フランス、アメリカ、日本、ブラジルなど）まで関わって、状況は複雑さを増している。

だが、欧米の国々が民主主義体制を一夜にして生み出したわけではないように、アフリカでも徐々に民主化しつつある。**アフリカではすでに、セネガル、ガーナ、ボツワナ、ベナン、ナミビアなどが、基本的自由を尊重する全面的かつ完全な民主主義国家となっている。**ナイジェリアでは２０１５年３月に自由で公正な選挙が実施され、ムハンマド・ブハリが権力の座に就いた。その他にも15カ国あまりが急速に民主制に移行しつつある。南アフリカは20年足らずで、苛酷な人種差別的体制アパルトヘイトから民主主義体制へ移行し、腐敗という深刻な問題を抱えながらも、民族間の政治的和解のモデルとなった。

１９６０年から１９９１年まで、アフリカでは、政変に見舞われることなく平和裡に任期を終えた国家や政府の指導者はほぼ皆無で、1982年のモーリシャスだけが例外だった。

しかし、1991年以降は、選挙によって40以上の政府が政権を失っている。ブルキナファソでは憲法に反して長期政権を維持しようとしたブレーズ・コンパオレに対して民衆が暴動を起こし、コンパオレは失脚した。その後、暫定政権の転覆を狙った2015年9月の軍事クーデタも失敗に終わっている。ケニアでは2017年9月、前月に再選されたウフル・ケニヤッタ大統領の当選を最高裁判所が無効とした。

アフリカの至る所で、程度の差こそあれ市民社会が発展し、情報に接して国民がますます声を上げるようになっている。絶対的権力の時代は終わったのだ。

テロリズム

le terrorisme

テロは脅威だが、重大視し過ぎてはいけない

Lecture
47

よくある思い込み

テロの脅威が叫ばれない日はない。メディアでは政治指導者も専門家も、国内外の安全に関する最大の懸念はテロだと言う。テロの脅威は日常的に存在し、私たちの暮らしを変えている。

確かに、テロは従来の戦争とは違い、日常の活動――移動、仕事、買い物、娯楽――の最中に私たち1人ひとりを襲うおそれがある。テロから逃れられる場所はなさそうだ。そのことを痛感させたのが、2015年1月、パリのシャルリ・エブド社とユダヤ人向けスーパーマーケットを襲ったテロの悲劇だった。また、アメリカの経済力の象徴だったワールドトレードセンターさえ倒壊させられたという事実は、テロに対するどんな予防策も万全ではないことを物語る。テロリストは自由自在に移動し、場所と時刻と標的を選び、何十回失敗しようと、たった1度成功すれば十分なのだ。そのうえ、テロは誰にでも実行できる。この種の企てを実行する方法には、費用も技術もさほど必要でないからだ（手作り爆弾の製造法はインターネットでも調べられる！）。それだけに、常に危険と隣り合わせだという意識が高まる。

それでも、派手な外見はさておき、テロ攻撃の人的・物的損害は一般に、従来の武力衝突や一般市民への空爆に比べれば、かなり少ない。ワールドトレードセンターとペンタゴンへの攻撃は心理的に大きな衝撃を与えたが、それはアメリカ本土に攻撃が加えられたからのみならず、何よりも犠牲者の数が膨大で（3000人近くが死亡したことに首謀者さえ驚いた）、テレビ中継を見ていた何百万もの人々が世界中で同時に体験したせいだ。それによって多数の人々が被害者との間に一体感を抱くこととなった。フランスの日刊紙『ル・モンド』は「私たちは皆アメリカ人だ」という見出しをテロの翌日に掲げた。**つまり、このテロ行為とその成功が与えた影響は、何よりも心理的なものだったのだ。**

早くも1962年に、レイモン・アロン（訳注：1905〜1983年。フランスの哲学者、社会学者、ジャーナリスト）はこう書いている。「テロとは、物理的な影響よりも心理的影響が桁外れに大きな暴力行為を言う」。彼の言葉は、メディアが発達した今日、なおさら真実味を増している。

テロの脅威は現実である。それを否定してはいけないが、大げさに受け止め過ぎるのもまた、危険だ。さらに、工業化された先進国ほど、テロを悲痛に受け止めがちである。それは、自国が数十年来平和で安全だと思っているからであり、また、はるかに弱い国から仕掛けられた不釣り合いな戦いの脅威に、既存の武器では太刀打ちできないせいだ。

結局、世界を襲う危機をなくすことはできないし、ことにテロの脅威を一掃するのは現実的ではなさそうだ。地政学では、リスクがゼロということはあり得ない。近年、イスラム国（ＩＳ）によって、イラクとシリアの領土にテロの基盤が築かれた。とは言え、テロの脅威は欧米諸国にとって、かつてのソ連の脅威と肩を並べるほど大きくはない。

最大の脅威は、テロをあまりに重大視して、生活の仕方まで変えたり、公的自由を制限し過ぎたりすることだ。また、イスラム教徒全体を過激派によるテロ事件の犯人と同一視し、欧米の人々と敵対させるのも、同様に危険だ。実は、それこそがイスラム国の狙いでもある。彼らはイスラム教徒とその他の人々を分断させようとしているのだ。

欧米の人々は、テロの大きな危険と共に生きる術を学ばなくてはいけない。すでに慣れ親しんだ他の危険――テロより多くの死者が出るものもある――と共に生きるのと同じことだ。政府にとってみれば、テロを政治課題の中心に据えることで影響されやすい国民を感化し、兵士と費用の調達がしやすくなるのだから、過度な恐怖は政府に利用されかねない。

2016年1月、バラク・オバマは最後の一般教書演説で、イスラム国を敵として第三次世界大戦を戦うという発想を強く非難し、こう述べた。「ピックアップ・トラックの荷台に詰め込まれた戦闘員や、アパートやガレージで策略をめぐらす変質者は確かに、市民に大きな危険をもたらす。**それでも、イスラ**

ム国が信じ込ませようとしているような、わが国の存亡に関わる脅威というほどではない」。

２０１６年のテロ事件の数（1万３４８８件）と死者数（3万４６７６人）は、２０１５年に比べてそれぞれ9パーセントと10パーセント減少した。今日、テロによる犠牲は主にイスラム圏で発生し、ことに5つの国――アフガニスタン、イラク、シリア、パキスタン、ナイジェリア――に集中している。

テロ事件の87パーセントは中東とアフリカと南アジアで起きた（中東と北アフリカに世界のテロ事件の55パーセントが集中している）。２０１６年に西ヨーロッパでは２６９件のテロ事件が起き、２３８人が亡くなった。その事件数が世界の総計に占める割合は2パーセントである（数値はグローバル・テロリズム・データベース［ＧＴＤ］の２０１６年テロ概観（Overview: Terrorism in 2016）［1］による）。

［1］２０１７年8月刊行のメリーランド大学ＳＴＡＲＴ（テロリズム・テロ対策研究全米コンソーシアム）背景報告書（Background Report）より。

Lecture 48

テロ対策のための反民主主義的政策は逆効果になり得る

よくある
思い込み

民主国家とテロとの戦いは、本質的に不公平な場合が少なくない。テロリストはそもそも、あらゆる法的規範と道徳的タブーをものともしないからだ。テロとの戦いを効率よく行なうためには、法律が足枷となる。テロから民主国家を守るためには、一部の法規の適用を免除してもいいだろう。

テロの脅威に直面するあらゆる国で、当局は民主主義を守るという根源的な目的を掲げて、多かれ少なかれ例外的な措置をとってきた。たとえば、2001年9月11日の同時多発テロ直後、アメリカ議会は「米国愛国者法」を採択した。同法により、「テロとの戦い」のために市民の権利——特にプライバシーの尊重と無罪推定の原則——の一部が制限され、特別な法規が制定された。

48 テロ対策のための反民主主義的政策は逆効果になり得る

このようなとき、しばしば議論の的となるのは、市民の自由の侵害そのものではなく、侵害の程度である。国民は安全のために、当初は規制措置を支持する可能性が高いからだ。

また、それ以外にも、国際法の尊重という問題もある。自国以外の国が国際法をあまり尊重していないように見えたり、国際法の性質上、民主国家がテロに対処する自由が一方的に制限されたりすると、世論は国際法の不適用もやむを得ないという論調に傾く。

2001年9月11日のテロを受けたブッシュ政権の言い分は、テロリストは戦争のルールを守らないのだから、ルールに沿った処遇に価しないというものだった。アメリカはそれ以降、ジュネーブ条約（1949年に捕虜の待遇に関する枠組みを規定）を無視し、国際法にも国内法にも準拠しない新たな法的範疇（「不法戦闘員」「敵性戦闘員」）を作り出した。

またアメリカは、グアンタナモ収容所のような、従来の手続きが適用されない特別収容所を新設したり、既存の施設から転用したりもした。実際、捕虜に非人道的かつ侮辱的な処遇をし、情報を得る目的で拷問さえ行なった（特にイラクのアブグレイブ刑務所とアフガニスタンのバグラム収容所の事件）として、人権保護団体に告発されている。

対テロ戦争を背景とする拷問（この用語を、そもそもアメリカ政府は認めようとしていないのだが）の実行は物議を醸し、ジレンマを招く。「拷問は道徳的には非難すべきだが、得られた情報のおかげでテロ攻撃が阻止できて多くの命が救われるなら、許されるのではないか？」という、おなじみのジレンマだ。

しかし、現実には、この主張は検証にたえない。実際的観点からは、拷問されれば誰でも、正確な情報であろうがなかろうが、最後には口から出任せを言いかねないと専門家の大半が認めているからだ。**価値観という観点から考えれば、こうした公的自由の制限と個人への攻撃は、民主国家にとっては敗北であり、テロリストにとっては勝利を意味する。**

すると今度は、反民主主義者がここぞとばかりに一種の相対主義を盾に取り、民主主義体制の一貫性のなさを強調し、その正当性と魅力を薄れさせようとする。しかし気をつけねばならないのは、**テロ活動に身を投じる主な動機の1つが、こうした反民主主義者によるきわめて抑圧的な政治に対する嫌悪であるということだ。**

とはいえ、テロ事件に見舞われたどの民主国家にも、議論の自由がある。必要な安全対策のうち、法治国家にふさわしいのはどんな対策だろうか？――それは、楽観主義を避けながらも、逆効果な方法で対処すべき害悪を深刻化させずに、自由と安全の折り合いをどこでつけるかを知ろうとすることが、民主的社会にとっての課題である。

Lecture 49

テロへの理解なしに解決はあり得ない

よくある
思い込み

テロが衰える兆しはまったくない。したがって、テロについて理解しようとするのは無益であるばかりか、危険ですらある。理解すれば、テロ行為の首謀者の正当性を認め、彼らの責任を軽減することになるからだ。それは赦《ゆる》しの文化のなせる業で、結局、正当化してはいけないことを正当化してしまうだけである。

ある現象について理解することは、容認することとは違うし、説明したからといって、正当化したことにはならない。むしろ、テロと効率的に戦いたければ、テロを育む土壌を干上がらせることを目的として、テロのメカニズムと原因を分析すべきである。

たとえば、がんのメカニズムを理解しようとするのは、がんに屈服することを意味せず、逆に、この病苦と闘うための最強の布陣を敷くためである。だから、テロそのものと共に、その原因に対しても妥協せずに対処することが必要であり、原因を放置したまま結果だけ攻撃しても、効率的な戦いは望めない。

テロを許さないためにテロへの理解を拒むと、結局、武力だけを頼みの綱として、どうしても不完全にならざるを得ない解決策の袋小路にはまってしまうだろう。

仮に、ある民族や信徒の集団が生まれつき暴力的テロ行為に走る性質を持っていて、彼らが暴力に訴えるのは特定の歴史的経緯の結果ではないならば、軍事力のみによる対処が正当化され、それが効果を発揮することもあるかもしれない。

しかし、これまでの歴史からも現状からも明らかであるように、テロは何らかの政治情勢に由来しており、どんな軍事的手段もテロという特殊な暴力に対する適切な対応だったためしはなく、むしろその逆なのである。

ここでも、イラク戦争が好例となる。「イラクの自由」作戦の目的は、表向きはサダム・フセイン政権の打倒だった。この政権が国際テロを支援し、平和を脅かしているとブッシュ政権は非難していたのだ。ところが、作戦は逆効果だった。この作戦以後、イラクではテロが増え、国際的テロリスト集団が国外から集まり、やがてテロリストが世界中に送り出されるようになった。イスラム国の誕生は、実は2003年のイラク戦争の間接的産物なのである。アメリカの情報機関でさえ、イラクの紛争がアメリカに対する根深い反感の源となっていることを2006年9月に認めている。この種の問題に対し、安全保障のみを目的として対処すると、実際には安全保障がますます危うくなるのだ。

以上のように、**テロの理由を考慮しなくていいと言う人々は、必ず果てしない戦いの袋小路にはまる。**テロリストに武力攻撃だけを加えるのは、テロの土壌をさらに肥やし、国民の一部を双方からの砲火にさらすことになるのだ。

それにしてもいったい、重大な脅威だと自ら感じているのに、原因を考慮しなくていいと言うのは、どんな動機によるものなのだろうか……。

Lecture

50

イスラム教徒とテロリストを同一視するのは間違っている

よくある思い込み

西洋はイスラム教徒が行なうテロ攻撃の標的となっている。イスラム国もアルカイダも、イスラム教の名の下にテロを企てる。イスラム教への狂信が、テロの原因だ。イスラム教の性質そのものが、テロへの志向を生むのだ。

歴史を中世までさかのぼれば、中近東にはかの有名なアサッシン派があった。このイスマーイール派（イスラム教シーア派の一分派）の分派が暗殺したのは、権力を不当に握ったとみなしたスンニ派（同じイスラム教徒）指導者と、地域の一部を占領していた十字軍兵士（キリスト教徒）である。（テロの一つである）**暗殺は、主に権力と領土の争いにからむ政治的なものだった。**

19世紀のヨーロッパでは、虚無主義者《ニヒリスト》や無政府主義者《アナーキスト》による権力者へのテロ攻撃が相次いだ。暗殺事件の犠牲者には、ロシア皇帝アレクサンドル2世（１８８１年）、フランス共和国のサディ・カルノー大統領（１８９４年）、オーストリア＝ハンガリー帝国の「シシィ」ことエリザベート皇妃（１８９８年）などがいる。１９１４年にオーストリア皇位継承者フランツ・フェルディナント大公を暗殺したのは、セルビアの過激な民族主義者、ガヴリロ・プリンツィプだった。

20世紀の中近東では、まずシオニズム運動の闘士たちが大義を掲げたテロに走り、国際連盟からの委任統治という名目でパレスチナを占領していたイギリス人に攻撃を仕掛けた。バスク地方、アイルランド、アメリカの過激な愛国主義者（１９９５年のオクラホマシティ連邦政府ビル爆破事件）、スリランカの「タミルの虎」、それに１９７０～１９８０年代にヨーロッパを襲った極左テロ（西ドイツのドイツ赤軍、フランスの「アクシオン・ディレクト［直接行動］」、イタリアの「赤い旅団」など）を見れば、**今日でこそイスラム教と結びつけられているテロが、この宗教に限ったものではないことがわかる。**２０１１年にノルウェーで大量殺人を犯したアンエシュ・ブレイヴィクのように、極右派もテロ事件を起こす。

近年、テロ事件の大半がイスラム教の名の下に起こされているのは事実ではあるが、その主たる犠牲者もまた、イスラム教徒なのだ。

なぜ、ある宗教が元来テロを志向し、他の宗教はそうでないと言えるのだろう？　また、ある宗教がテロに向かう宿命にあるとすれば、なぜすべての信徒が関与するわけではないのだろうか？　**結局、テロリズムは生来の志向や文明によるのではなく、単なる戦略なのだ。**

実際のところ、イスラム教徒の大多数はテロを非難している。また、コーランの文言は変わっておらず、イスラム教が根本的に変化したわけでもない。それなのに、なぜ今日のイスラム教徒は、19世紀には手にしなかったテロという武器を使うのだろうか？　**原因は宗教そのものではなく、政治状況の変化と戦略的環境にある。**ジハーディスト（イスラム過激派）のテロはイラク戦争以前からあったが、この戦争によって火に油を注いだのだ。

したがって**イスラム教徒とテロリストを同一視するのは、テロと闘うどころか、テロの激化を促すことになる。**そうなれば、イスラム国とアルカイダの思うつぼだ。

同様に、イスラム主義者の思想に共鳴するか否かにかかわらず、彼らとテロリストを混同してはいけない。なにより、イスラム主義者の大半は政治における闘いを重視し、一部の国（トルコ、チュニジア、モロッコ）では政権にも加わっている。2016年7月に、ローマ教皇フランシスコが「イスラム教と暴力を同一視するのは正しくない」と明言していることも、最後に述べておきたい。

リベラルアーツカレッジシリーズの
サイトがオープンしました

世界が変わる 世界を変える
DISCOVER 21
LIBERAL ARTS COLLEGE

http://www.lac21.com

現在、世界は大きな節目を迎えています。お金も経済もビジネスも価値と在り方を大きく変えようとしており、数年先の未来も読み切れないような時代を迎えています。

「ディスカヴァー リベラルアーツカレッジ（Discover 21 Liberal Arts College）」シリーズ及びサイトは、この変革の時代を生きるビジネスパーソンに対して、自分自身とその周りの世界を変えていくための広い教養と本質を見抜く思考法を見出したいという思いから立ち上がりました。個人の成長と社会の発展に貢献できる価値を提供していきます。

それは、20世紀の価値基準がまさに最後の栄華を誇っていた時代に、21世紀の新しい価値基準の選択肢を提供する会社として設立された、わたしたちディスカヴァー・トゥエンティワンのミッションそのものでもあります。

「世界が変わる、世界を変える」――新しい時代を創っていく方々と共に成長できるシリーズとなれば、これほど嬉しいことはありません。

2018年1月
干場 弓子

シリーズ既刊好評発売中

時代を先読みし、
チャンスを生み出す
未来予測の技法

佐藤 航陽
2018年1月26日発売
ISBN 978-4-7993-2211-6
定価1500円（税抜）

リベラルアーツの学び方
エッセンシャル版

瀬木 比呂志
2018年1月26日発売
ISBN 978-4-7993-2210-9
定価1500円（税抜）

LIBERAL ARTS COLLEGE

最新世界情勢講義50

発行日 2018年5月15日 第1刷
2018年6月25日 第2刷

Author パスカル・ボニファス

Translator 佐藤絵里（翻訳協力：株式会社トランネット）

Book Designer/DTP 辻中浩一 内藤万起子 六鹿沙希恵（ウフ）

Publication 株式会社ディスカヴァー・トゥエンティワン
〒102-0093 東京都千代田区平河町2-16-1
平河町森タワー11F
TEL 03-3237-8321（代表）
FAX 03-3237-8323
http://www.d21.co.jp

Publisher 干場弓子

Editor 堀部直人 松石悠

Marketing Group Staff 小田孝文 井筒浩 千葉潤子 飯田智樹 佐藤昌幸 谷口奈緒美 古矢薫 蛯原昇 安永智洋 鍋田匠伴 榊原僚 佐竹祐哉 廣内悠理 梅本翔太 田中姫菜 橋本莉奈 川島理 庄司知世 谷中卓 小木曽礼丈 越野志絵良 佐々木玲奈 高橋雛乃

Productive Group Staff 藤田浩芳 千葉正幸 原典宏 林秀樹 三谷祐一 大山聡子 大竹朝子 林拓馬 塔下太朗 木下智尋 渡辺基志

E-Business Group Staff 松原史与志 中澤泰宏 西川なつか 伊東佑真 牧野類 倉田華

Global & Public Relations Group Staff 郭迪 田中亜紀 杉田彰子 奥田千晶 李瑋玲 連苑如

Operations & Accounting Group Staff 山中麻吏 小関勝則 小田木もも 池田望 福永友紀

Assistant Staff 俵敬子 町田加奈子 丸山香織 小林里美 井澤徳子 藤井多穂子 藤井かおり 葛目美枝子 伊藤香 常徳すみ 鈴木洋子 石橋佐知子 伊藤由美 畑野衣見 井上竜之介 斎藤悠人 平井聡一郎 曽我部立樹

Proofreader 株式会社鷗来堂

Printing 大日本印刷株式会社

ISBN978-4-7993-2265-9